Fritz Herdi   Kommt ein Vogel geflogen ...

D1719734

Kommt ein Vogel geflogen …

Fritz Herdi sammelte Witze und Anekdoten
über Fliegerei von Airline und Fluggast
über Hostess und Jumbo
bis Start und Landung

Nebelspalter-Verlag Rorschach

Umschlag: Jürg Furrer

Illustrationen: Hans Küchler

Alle Rechte vorbehalten
© 1985 Nebelspalter-Verlag Rorschach
Druck: E. Löpfe-Benz AG, Rorschach
Printed in Switzerland
ISBN 3 85819 073 X

Dies zuvor

«Was kann wohl Närrischeres und Lächerlicheres erdacht werden, als wenn man in der Luft fliegen, fahren und schwimmen will.» Das schrieb der Chemnitzer Arzt und Stadtphysikus Georgius Andreas Agricola, der von 1494 bis 1555 lebte. Tröstlicherweise aber hat Leonardo da Vinci (1452–1519), der sich mit Menschenflug intensiv befasste, gesagt: «Einst wird der grosse Vogel seinen Flug nehmen vom Rücken des Hügels, die Welt mit Erstaunen erfüllen ...»

Aber noch lange war's nicht so weit. Goethe beneidete 1775 nach einer Schweizer Reise den Adler und hätte viel darum gegeben, wie dieser über Felsen und Wäldern schweben zu können: «Soll ich denn immer nur die Höhe erkriechen, am höchsten Felsen wie am niedrigsten Boden kleben?»

Indessen: Längst ist alles, alles ganz anders geworden. Fliegerei weltweit. Es ist höchstens noch ein finanzielles Problemchen, jene Sehnsucht zu stillen, von der Autor A. Langenwalder in «Fliege mit Humor» gereimt hat: «Kann Dir das stumpfe Erdenleben / Mitunter keinen Reiz mehr geben, / Dann zieht es Dich in jene Höhen, / Die für die Luftfahrt vorgesehen ...»

Längst gilt: Nur Fliegen ist schöner. Und rund um die Fliegerei ranken sich zwar nicht ungezählte, aber immerhin Hunderte und Aberhunderte von Witzen und Anekdoten, von Scherzen und Sprüchen. Thematisch schön verteilt auf Passagiere und Piloten, Hostessen und Verpflegung, Donnervögel und Flughäfen, Fallschirm und Gepäck. Längst vorbei auch die Zeit, da der Flieger einen so schlechten Ruf hatte, dass ein gängiger Spruch lautete: «Die Eltern waren rechtschaffene Leute, der Sohn wurde Flieger.»

Ich habe jahrelang Heiteres rund um die Fliegerei gesammelt, bald hier und bald dort dieses und jenes aufgeschnappt, etliche Biographien durchstöbert, gelegentlich auch bei schriftstellernden oder reimenden Fliegern etwas herausgepickt, Hostessen und fliegende Bekannte befragt. Vom zusammengetragenen Material bietet das vorliegende Bändchen eine erste Auswahl. Berücksichtigt wurde auch der politische «geflügelte» Witz aus brauner Zeit und aus Gegenden hinter dem Eisernen Vorhang.

Mit zur Fliegerei gehört ferner selbstverständlich jene neue Epoche im All, die mit dem ersten Sputnik anno 1957 eingeläutet respektive eingeflogen worden ist. Sie hat ja schon 1969 den heiteren Poeten Joachim Schwedhelm zum parodistischen Vers bewogen: «Wenn ich ein Raumschiff wär' / und auch drei Stufen hätt', / flög' ich zu dir, / weilte hier nicht allein! / Weil's aber nicht kann sein, / bleib' ich, All, hier.»

Richard Schilliger, Jumbo-Captain Swissair, hat mir nicht nur amüsante authentische Anekdoten erzählt, sondern auch Fliegereiliteratur zugänglich gemacht. Hierfür sei ihm an dieser Stelle herzlich gedankt.

Frühjahr 1985   Fritz Herdi

Nur Fliegen ist schöner

Ein Mann erlebte dieses: Er flog von London nach Irland und sass weitab vom Ausgang. Beim Aussteigen wartete er zuerst geduldig in der Menschenschlange. Als dann die Separattüre für die Besatzung geöffnet wurde, machte er kehrt und kletterte dort erdwärts. Aber da stand eine Uniformierte und sagte: «Sorry, bitte kehren Sie um und verlassen Sie das Flugzeug durch den Frontausgang!»

Keuchend kletterte er wieder hoch, drehte sich um und fragte: «Warum zum Teufel kann ich diese Treppe nicht benützen?»

Die Uniformierte: «Weil diese für Passagiere nicht sicher genug ist.»

Die «Time» berichtete, dass trotz strengem Alkoholverbot in Saudi-Arabien der Konsum von Spirituosen zu einer Art Statussymbol geworden sei. Unzählige Bürger seien Tag für Tag betrunken. Trotz sehr hoher Whiskypreise. Und: «Neulich wurde ein Geschäftsmann, der sich seinen Scotch-Whisky als Möbelsendung getarnt schicken lassen wollte, vom Flugplatz aus angerufen. Der Zollbeamte am Apparat verlangte von ihm: ‹Holen Sie bitte sofort Ihre Möbelkiste ab, die ist nämlich leck.›»

Vom russischen Staatsboss Leonid Breschnew erzählte man: Er machte mit seiner Mutter einen Ausflug und zeigte ihr zuerst seine feudale Wohnung in Moskau. Danach ging's in einem Prachtsauto mit Chauffeur zu Breschnews Datscha in der Nähe von Usowo. Und schliesslich flog ein Helikopter die beiden zu Leonids Jagdhaus. Die Mutter redete nicht viel, schien eher bedrückt. Breschnew zur Mama im Festsaal des Jagdhauses: «Mutter, was hältst du von all dem?»

Darauf sie zögernd: «Alles sehr hübsch, mein lieber Leonid. Aber was ist, wenn die Roten wiederkommen?»

Bis zu welchem Alter soll und darf jemand selber ein Flugzeug steuern? Hierzu eine Pressemeldung aus London, November 1984:

An ihrem 88. Geburtstag erfüllte sich die reiche Engländerin Margaret Tinsell aus Hall den Traum ihres Lebens: Fünf Stunden verbrachte sie am Steuerknüppel ihres Privatflugzeuges hoch über den Wolken. Wenige Tage zuvor hatte die unternehmungslustige Dame den Pilotenschein gemacht, und das war ihre Premiere.

1962. Wien bleibt Wien. Vor dem Abflug nach Moskau sagte Bundeskanzler Dr. Gorbach ungeachtet aller offiziellen Begleiter auf dem Flughafen zu seiner Frau: «Komm, Mitzerl, noch a Busserl!»

Der Autor Franz Molnár («Liliom») war zeitlebens ein Feind des Fliegens. Nach dem Grund gefragt, erklärte er: «Ich werde erst dann fliegen, wenn man dem Piloten beim Aussteigen ein Trinkgeld gibt wie einem Taxichauffeur. Solange der Pilot ein Held ist, fliege ich nicht.»

Die Hostess Sherry Waterman erzählt aus ihrem Dienst bei der «Transocean» unter anderem: «Es gibt vor allem an der Lautsprecheranlage immer wieder komische Situationen. So drückte ich einmal auf eine Anfrage aus dem Führerstand, wann eigentlich das Essen serviert werde, den falschen Schalter und verkündete den Passagieren statt den Kameraden in der Kanzel freudestrahlend: ‹Pressiert nur nicht so! Es gibt sowieso nur den scheusslichen alten Schlangenfrass!›»

Meldung vom Februar 1982: Hamid El-Abdullah, vermögender Araber, hat die Luftfahrtgesellschaft «British Airways» auf rund 50000 Franken Schadenersatz verklagt. Ihm war während eines Fluges von London nach Boston von einer Stewardess heisser Kaffee über die Hose gegossen worden. Unglücklicherweise verbrannte sich der Fluggast dabei an einer

besonders empfindlichen Stelle derart, dass er laut seinem An-walt nicht nur «grosse Schmerzen» erlitt, sondern auch zwei Monate «physisch» zur Liebe unfähig war.

Die amerikanische Luftverkehrsgesellschaft TWA pflegte Bewerberinnen fragen zu lassen: «Warum möchten Sie Stewar-dess werden?» Eine der Antworten lautete: «Es gibt so viele an-dere Berufe, in denen man nette Männer kennenlernt; dieser aber ist der einzige, in dem man sie festschnallen darf.»

Premiere: am 14. Oktober 1947 durchbrach der amerikani-sche Fliegeroffizier Chuck Yeager mit einer Bell XS-1 die Schallmauer. Vor dem Start hatte er beruhigend wissen lassen, er komme so oder so zurück, entweder in einem Stück oder in tausend kleinen Teilen.

Vom amerikanischen Flugzeugträger Kitty Hawk in den achtziger Jahren gemeldet: Lautsprecherdurchsage am Sonn-tagmorgen: «Auf dem Vorderdeck finden Gottesdienste statt. Bitte alle nicht notwendigen Arbeiten einstellen.» Eine knappe Stunde danach zweite Durchsage: «Die Gottesdienste sind beendet. Bitte alle nicht notwendigen Arbeiten wieder aufneh-men.»

Tatsächlich passiert: Helikopter im Blindflug. Auf der Fre-quenz des Kontrollturms hört man einen Piloten melden, er habe den Warteraum über dem äusseren Markierungsfunkfeuer in 1000 Meter Höhe erreicht. Darauf schaltet sich sofort eine zweite Stimme ein: «Unmöglich! Ich warte selbst in 1000 Meter Höhe.»

Kurze Pause, voller Spannung. Danach meldet sich die Stimme des ersten Piloten wieder: «Sie Riesentrottel, Sie sind doch mein Kopilot!»

Meldung Oktober 1984: Zum Luftbrückendenkmal vor dem

Berliner Flughafen Tempelhof, im Volksmund «Hungerkralle» genannt (wegen der drei Stahlbetonzacken), entsteht am Frankfurter Rhein-Main-Flughafen das Gegenstück. Von diesem Fliegerhorst der US-Luftwaffe waren in den Jahren 1948/ 49 die sogenannten «Rosinenbomber» mit Lebensmitteln und Kohle für die durch die sowjetische Blockade von der Versorgung abgeschnittene Bevölkerung in den Berliner Westsektoren gestartet. Die dreizackige Berliner «Kralle» symbolisiert die Flugbahn von drei Maschinen und stellt den Ansatz einer Brücke dar, die nun von dem Frankfurter Gegenstück symbolisch geschlossen wird.

Zur Erinnerung an diese Flüge und die 78 Todesopfer unter dem fliegenden Personal flog eine alte Hercules C 30 mit Schokolade, Mehl und Kohle von Frankfurt nach Berlin und kehrte während der Grundsteinlegung für das Denkmal zur Rhein-Main-Air-Base zurück, dieses Mal beladen mit Geschenken der Stadt Berlin, darunter auch Glühbirnen zur Erinnerung an den wichtigsten Berliner «Export» jener Monate.

Aus Kanada vor Jahren herübergeweht: Ein Mann sprach beim Sekretär eines Klubs ehemaliger kanadischer Kriegsflieger vor und bat, als Mitglied aufgenommen zu werden. Auf die Frage nach seiner Diensteinheit teilte der Bewerber mit, er sei Oberst der deutschen Luftwaffe gewesen.

Der Sekretär abwinkend: «Mitgliedschaft ausgeschlossen. Sie waren ja der Feind.»

Darauf der Mann: «Irrtum! Der Feind waren doch Sie!»

Happy-End: Der ehemalige Oberst der deutschen Luftwaffe wurde in eine neugeschaffene Kategorie aufgenommen: Mitglieder mit geleisteten Diensten in nicht-alliierten Streitkräften.

Geoffrey de Havilland, der das erste Düsenverkehrsflugzeug der Welt, die «Comet» entwickelte, schreibt in seinen Memoiren ironisch über die Hatz nach Höchstleistungen: «Ein Pilot erklärte mir, er habe Anspruch auf einen Rekord, weil er der erste Mann sei, der auf einen Langstreckenflug seine eigene und nicht eine fremde Frau mitgenommen habe.»

Wie man sich beim Fliegen fühlt, hängt oft von allen möglichen Dingen ab. Zum Beispiel am 16. August 1984 der Presse entnommen: «Flughafen München-Riem, Dienstag, 13.40 Uhr. Die Lufthansamaschine aus Frankfurt ist gelandet. Ein strahlender Mann, in Jeans und blauer Windjacke, steigt aus dem Flugzeug. Volker Fischer gewann mit der Degenmannschaft vor vier Tagen in Los Angeles die Goldmedaille (Olympiasieg). Er lacht: ‹Der Hinflug von Frankfurt nach Los Angeles war grauenhaft. Mir war richtig schlecht. Der Rückflug jetzt hat mich gar nicht aufgeregt. So eine Goldmedaille beruhigt ungemein.›»

Für 1964 sah das Fürstentum Andorra einen Betrag von 25 französischen Franken für Militärausgaben vor. Dazu veröffentlichte der «Nebelspalter» eine Zeichnung: Finanzminister übergibt einem üppig dekorierten General Kleingeld aus dem Portemonnaie und ermahnt ihn: «Da haben Sie 25 Francs – aber geben Sie nicht alles für Flugzeuge aus!»

Auf die Frage, welche Tat er für seine bedeutendste halte, antwortete im Zweiten Weltkrieg der hervorragende britische Jagdflieger Adolph Malan, ursprünglich Südafrikaner: «Meine Bitte an Premierminister Winston Churchill, Götti meines Sohnes zu werden.»

Aus einem Bericht von 1980: Die Lufthansa Service Gesellschaft (LSG) versorgt insgesamt rund 150 Fluggesellschaften, die in Deutschland landen, mit Bordverpflegung. Bei der australischen QANTAS müssen die viktorianischen Röschen aus gekochtem Zucker auf der Eistorte einen stets gleichbleibenden Farbton haben. Die brasilianische VARIG will, dass die Trüffel auf der Vorspeisen-Platte wirklich echte Trüffel sind. Südafrikas SAA akzeptiert nur dänischen, französischen und schweizerischen Käse aus Kuhmilch; Bedingung: er darf nicht riechen.
Bis Ende der sechziger Jahre unterhielt die Lufthansa übrigens eine eigene Koscher-Küche. Wurde Essen daraus an einem Samstagabend gebraucht, dann kam der Landesrabbiner aus der Frankfurter Innenstadt 16 Kilometer zu Fuss heraus zum

Flughafen, um das Zertifikat auszustellen. Als Strenggläubiger benutzte er am Sabbat kein Verkehrsmittel.

Aus Amerika gehört: Weil sich der Kommandant eines Armeeflugzeugs über ein Mäuslein im Cockpit ärgerte und noch einen mehrstündigen Flug über dem Atlantik vor sich hatte, befahl er der Besatzung, die Sauerstoffmasken anzulegen. Danach senkte er vorübergehend den Überdruck in der Kabine, wodurch das Flugzeug zu einer Mausefalle im Wert von einigen Millionen Dollar wurde.

Filmschauspieler und Komiker Danny Kaye, Schnellfahrer im Auto, machte auch das Fliegerbrevet und lud zur Feier einen Filmproduzenten zu einem Flug ein.

«Schön», sagte dieser, «ich komme mit. Aber im Auto zum Flugplatz fahre ich nicht mit dir, das ist mir zu riskant. Wir treffen uns auf dem Flugplatz.»

Anfang der fünfziger Jahre waren die Helikopter, die sich zwar im Koreakrieg ausgezeichnet bewährten, noch reparaturanfällige, schlichte Maschinen. Daher die Definition in Fliegerkreisen von damals: Helikopter = 1000 Einzelteile, die in geschlossenem Verband fliegen.

1984. Charles F. Aiello, 49, Colonel der U.S. Air Force und Luftwaffenattaché der amerikanischen Botschaft in Bonn, bittet in einem freundlichen Brief die Pazifistin Bertha von Suttner, das Dröhnen amerikanischer Flugzeuge über dem Raum Nürnberg als «Symbol der Sicherheit und des Friedens» zu verstehen. Laut «Spiegel», Hamburger Nachrichtenmagazin, ist das Schreiben («Frau Bertha von Suttner, Frauenhaus, 8520 Erlangen – Sehr verehrte Frau von Suttner …») die Antwort auf ein Flugblatt, das die Bewohnerinnen des Frauenhauses in Erlangen an die US-Mission geschickt hatten. In dem Papier, das sich gegen die Lärmbelästigungen durch Air-Force-Maschinen

wendet, zitieren die Frauen auch die österreichische Nobel-preisträgerin Bertha von Suttner. Sie fand im Colonel einen neuen Freund. Am Ende seines Briefes bemerkte er: «Zögern Sie bitte nicht, mir zu schreiben, falls ich noch weiterhin behilflich sein kann.»

Pointe: Die von den Erlangerinnen in ihrem Schreiben 1984 zitierte Bertha von Suttner ist, was Aiello nicht realisierte, anno 1914 gestorben.

1969 wurden die Alaska Airlines in Zeitungsberichten als die originellste Fluglinie der Welt bezeichnet: «Das Innere der Flugzeuge gleicht einer alten Goldgräberkneipe. Die Stewardessen tragen lange Röcke, Pleureusen mit Reiherfedern, plissierte Blusen und hochgestecktes Haar. Willis, der Chef des Unternehmens, fliegt häufig mit, und zwar in Goldgräbertracht mit Rucksack und Schürfgerät. Zur Gitarre singt er alte Goldgräberlieder und erzählt Geschichten und Witze aus der Zeit des grossen Goldrausches. Die Stewardessen geben ihre Ansagen meist in Versform durch. Der Autor, Willis selber, betont immer wieder: ‹Amerikaner wollen heute Romantik, auch in der Luft. – Wir geben sie ihnen.›»

Die nette Hostess: «Möchten Sie Kaffee oder Tee?»

*Der Herr lehnt sich behaglich zurück: «Am liebsten möchte ich **Sie**!»*

Ein Scherz, der nicht selten ernst gemeint ist. Jedenfalls veröffentlichten die amerikanischen Flughostessen Trudy Baker und Rachel Jones in den sechziger Jahren ein Buch über ihren Beruf mit dem Titel: «Wünschen Sie Kaffee, Tee oder mich?»

Aus ihren Ratschlägen, wie man Fluggäste in «verheiratete und unverheiratete» einstufen kann: «Schauen Sie genau auf den Ringfinger! Auch wenn der Ehering fehlt, lassen sich winzige Farbunterschiede feststellen. Fragen Sie zweitens, wo er wohnt. Der Junggeselle lebt in der Stadt, der Ehemann – der lieben Kinderchen wegen – im Grünen. Und achten Sie, drittens, darauf, wie eilig er es hat. Der Verheiratete will Sie – aber rasch. Der Junggeselle will Sie auch – aber er hat Zeit.»

13

Vom ehemaligen griechischen Diktator General Metaxas wird erzählt, er sei zum Ausprobieren eines neuen Flugbootes eingeladen worden, habe es selber gesteuert, aber schliesslich Anstalten getroffen, auf dem Flugplatz zu landen. Hurtig machte ihn ein Begleiter darauf aufmerksam, dass es sich doch um ein Flugboot handle, also nur Wassern in Frage komme.

«Aber natürlich», lachte Metaxas, «weiss ich doch, ich wollte mir nur einen Jux machen und euch erschrecken.»

Darauf landete er perfekt auf dem Wasser. Und sagte: «So, das wäre geschafft.» Machte die Tür auf – und trat ins Meer hinaus.

Bundeskanzler Konrad Adenauer einst selbstbewusst auf die Frage, ob er keine Angst vor dem Fliegen habe: «Warum sollte ich mich fürchten? Bekanntlich ist noch kein Meister vom Himmel gefallen.»

In einer ausführlichen Zuschrift an die «New York Times» schilderte ein Fluggast betrübliche Erlebnisse mit der russischen Fluglinie Aeroflot. Beschwerde Nr. 1: Als er ein Beschwerdebuch verlangte, musste er zwei Stunden warten, ehe er es bekam.

Konkurrenzneckereien unter Fluglinien: Laut «London Daily Telegraph» überholte eine Maschine der British Airways auf der Nordatlantikroute ein Flugzeug der Air Lingus. Spöttisch funkte der Flugkapitän der British Airways hinüber: «Warum so langsam, Kamerad? Schwierigkeiten?»

Darauf der irische Rivale: «Keine Spur, sondern einfach eine ausgebuchte Maschine.»

Der 46 Jahre alte Amerikaner Dick Leblond liess sich 1984 einen Versuch, seine Ex-Freundin doch noch zur Ehe zu überreden, rund 300 Franken kosten: Ein kleines Flugzeug zog für diesen Preis ein 82 Meter langes Spruchband mit der Aufschrift durch den Himmel: «Carol, ich liebe Dich. Willst Du mich heiraten?» Während sich seine Carol dazu noch nicht äussern woll-

te, rief ein anderes Mädchen dieses Namens beim Flughafen an, weil sie glaube, die Frage habe ihr gegolten.

Im angeblich so gemütlichen alten Österreich-Ungarn besichtigte ein Mitglied der Kaiserfamilie vor dem Ersten Weltkrieg die ersten Militärflugzeuge. Interessiert hörte Hoheit den Vorträgen der Ingenieure und Piloten über Technik, Motoren, Antrieb, Steuerung zu. Nach all den erschöpfenden Referaten zeigte Hoheit auf einen Flugzeugpropeller und fragte die Fachleute: «Jetzt ist mir nur noch eine Kleinigkeit nicht klar: Wozu sind diese Brettchen da?»

Die zwei Darsteller Wenck und Ekkehard Fritsch von den Berliner «Insulaner»-Kabarettisten sassen im Flugzeug. Wenck war eingenickt. Fritsch las einen Krimi, merkte, dass der Klang des Motorengebrumms sich veränderte, guckte aus dem Fenster, wurde blass: einer der Propeller stand still. Er schielte zu Wenck hinüber. Der schien, Gott sei dank, zu schlafen und nichts zu merken. Plötzlich aber blinzelte er und sagte grinsend: «Ick an deiner Stelle würde die letzte Seite deines Krimis lesen, damit de noch weesst, wer der Mörder war.»

1962 gelesen: Der ehemalige israelische Generalstabschef Mosche Dayan (Spitzname bei den Arabern: «Dschingis-Kohn») rief auf einer Reise durch Amerika seinen Freund Danny Kaye in Los Angeles an, der versprochen hatte, ihm die Stadt zu zeigen. Danny empfing seinen Gast mit grosser Freude, führte ihn auf den Flugplatz hinaus, setzte ihn in sein Privatflugzeug, zeigte ihm Los Angeles von oben, flog dann mit ihm nach Palm Springs zum Lunch und brachte ihn wieder glücklich zum Flughafen. Und Danny Kaye versprach: «Ich will Ihnen nächstens mehr zeigen, wenn ich meine Pilotenprüfung gemacht habe!»

Tahiti, das Paradies der schönen, dunkeläugigen und bronzefarbenen Mädchen, hatte fest damit gerechnet, mit dem Auf-

15

kommen der Düsenflugzeuge zu einem tollen Touristenzustrom zu kommen, vor allem aus den Vereinigten Staaten. Aber die sorgsam vorbereiteten Flughäfen und Grandhotels blieben leer, die hohen Erwartungen unerfüllt: Die reichen Amerikanerinnen hatten, das war Anfang der sechziger Jahre, keine Lust, ihre Männer all den Verlockungen dieser Insel der Seligen auszusetzen.

Nach dieser Erfahrung zogen die Fluggesellschaften und Reiseagenturen eine andere Art Kampagne auf. Nach wie vor sagten sie zwar, Tahiti sei wunderbar. «Aber», so fuhren sie fort, «es sind natürlich lange nicht alle Tahitianerinnen schön, viele sind fett und haben keine Zähne mehr. Und die Hübschen sind verheirateten Männern gegenüber sehr zurückhaltend. Im übrigen sind ihre Reize und ihr Charme stark übertrieben worden, die Amerikanerinnen würden aus einer Konkurrenz mit ihnen jederzeit siegreich hervorgehen.»

Wer Werbetexte fertigt und sprachlich nicht sicher ist, zumal auch bei Mundart, zieht entweder einen Kundigen bei, oder aber er versucht's auf gut Glück.

Eine in Frankfurt ansässige Werbeagentur bastelte für die Air Canada einen an die Bayern gerichteten Text, der also schloss: «All dös is koa Schmäh.» Die «Münchner Abendzeitung» brachte das Inserat tel quel, deutete aber in ihrem redaktionellen Teil an, bayrisch richtig wäre: «Des is fei koa Schmarrn.» Worauf die Fluggesellschaft respektive deren Werbeagentur den Textschluss umgehend abänderte.

1971 notiert: Das haben wir mit der Schädlingsbekämpfung erreicht: Unsere Kinder wissen, was ein Helikopter ist, schon bevor sie einen Maikäfer gesehen haben.

Im Mai 1984 erfahren: Präsident Ronald Reagan, 73, wurde im Weissen Haus in Washington, fünf Kilometer von der Startbahn des National Airport entfernt, bei Gesprächen mit dem Präsidenten der Dominikanischen Republik, Salvador Jorge Blanco, so oft und intensiv von Düsenlärm übertönt, dass er die

Konversation mit einem Hinweis auf die bis zu tausend Starts und Landungen täglich entnervt abbrach.

Danach wurde er, wie der «Stern» berichtete, von Eric Bernthal, dem Vorsitzenden einer Arbeitsgruppe fluglärmgeschädigter Washingtoner Bürger, darauf aufmerksam gemacht, dass die vom Garten des Weissen Hauses aus operierenden Hubschrauber, darunter der Helikopter des Präsidenten, über der amerikanischen Hauptstadt noch mehr Krach verursachten als die Linienjets.

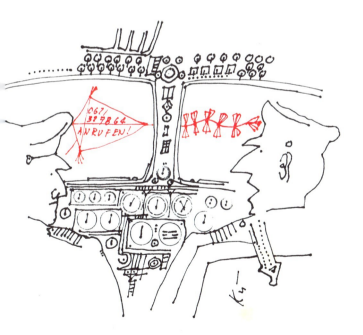

1982 herausgepickt: Das Landgericht Wiesbaden sowie das Oberlandesgericht Frankfurt erteilten, zum Leidwesen der Lufthansa, die Erlaubnis für Vertrieb und Verwendung des Aufklebers «Lusthansa». Die Münchener «Süddeutsche Zeitung» dazu: «Von besonderem Feinsinn, ja nachgerade von Schlitzohrigkeit zeugt dabei die Begründung des Wiesbadener Urteils, die sich zur Reinwaschung des Wortes ‹Lust› von libidinösen Bezügen unter anderem auf den Apostel Paulus (‹Dem Reinen ist alles rein›) beruft. Dem Einwand der Luftfahrtgesellschaft, die beanstandete Plakette zeige aber ein kopulierendes Vogelpaar, begegnete das Gericht mit der zutreffenden Feststellung, ein ‹Geschlechtsverkehr› zwischen fliegenden Vögeln sei ‹schon technisch nicht möglich›.»

Flugbuchungen des weltbekannten spanischen Gitarristen André Segovia lassen Uneingeweihte vermuten, dass er mit seiner Tochter oder einer unverheirateten Schwester reise. Denn er bucht stets einen zusätzlichen Sitz für «Fräulein Segovia». Aber auf dem Sitz liegt jeweils – seine Gitarre.

Ein Passagier starrt während des Fluges unentwegt auf das Triebwerk vor seinem Fenster. Auf einmal kommt eine gesetzte Frau von der anderen Seite des Ganges zu ihm und sagt freundlich: «Falls Sie zwischendurch aufstehen und sich etwas Bewegung verschaffen wollen, bin ich gern bereit, für Sie solange auf das Triebwerk aufzupassen.»

US-Schauspieler Paul Newman erzählte aus seinen Anfängen: Ihm und den andern Schülern an der Schauspielschule in Hollywood wurde übungshalber mitgeteilt, sie befänden sich im Zweiten Weltkrieg. Das letzte amerikanische Flugzeug sei im Begriff, die Philippinen zu verlassen. Aufgabe für die Schauspielschüler: den Posten an der Gangway davon überzeugen, dass sie unter allen Umständen noch in die überfüllte Maschine hineingelassen werden müssten. Die Schüler kratzten Argumente zusammen. Ein Mädchen: «Ich bin schwanger.» Ein Schüler: «Ich muss in die Armee einrücken.» Ein anderer: «Ich

habe wichtige Informationen für den US-Präsidenten.» Oben-
aus aber schwang der Schauspielschüler, der da rief: «Ich muss
dringend in das Flugzeug. Warum? Gute Frage! Weil ich der
Pilot bin!»

Die blonde Filmschauspielerin und Sexbombe Jayne Mans-
field kam chronisch mit Verspätung zu Verabredungen. Einmal
gelang ihr, als sie die zu einer Pressekonferenz eingeladenen
Journalisten fast zwei Stunden hatte warten lassen, eine beson-
ders hübsche Ausrede: «Unser Helikopter hatte Gegenwind.»

Die Hostess zu einer kleinen heulenden Passagierin: «Pass
auf, hier ist das Abteil für Nichtschreier. Wenn du schreien
willst, muss du dich nach hinten setzen.» Resultat: Die Kleine
hörte augenblicklich auf zu weinen.

Eine amerikanische Zeitung erinnerte vor Jahren an ein Ge-
spräch, das der verstorbene Kolumnist Walter Lippmann mit
einem Bekannten hatte. Der Bekannte meinte: «Nun funktio-
nieren doch alle Waffen automatisch. Die Flugzeuge, die Ra-
keten, die Flugabwehr, alles wird elektronisch gesteuert. Da
werden für den nächsten Krieg ja gar keine Menschen mehr be-
nötigt.» – «Doch», entgegnete Lippmann, «die Leute, die ihn
anfangen.»

W. C. J. Versteegh, einer der ersten Piloten der holländischen
Luftwaffe und im Zweiten Weltkrieg Direktor der KLM, be-
richtet über seinen Landsmann Anthony Fokker (1890–1939):
Fokker verbrachte den Ersten Weltkrieg in Deutschland und
baute in seiner Schweriner Fabrik Flugzeuge für die kaiserliche
Armee. Nach Kriegsende kehrte er in seine Heimat zurück. Und
obschon die Interalliierte Kontrollkommission strikte angeord-
net hatte, das gesamte deutsche Kriegs- und Luftfahrtmaterial
müsse zerstört werden, konnte Fokker 220 Flugzeuge, 400 Mo-
toren samt den Ersatzteilen und dem Maschinenpark aus
Deutschland herausschmuggeln.

Auf seine Order wurden Flugzeuge und Ersatzteile in Scheunen, Kellern und auf abgelegenen Wiesen deponiert. Auf dem Güterbahnhof Schwerin tauchte das Zeug wieder auf, wurde zerlegt und in Güterwagen verladen. Fokker liess sechs Güterzüge zu je 60 Wagen zusammenstellen, die zu lang waren, um ohne Blockierung der Hauptlinie auf die Nebengeleise für Zollkontrollen zu passen. Überdies schmierte Fokker etliche Stationsvorsteher und brachte sämtliche 360 Waggons und damit eines der grössten Flugzeugwerke Deutschlands «zerlegt» anstandslos nach Holland.

Bertha von Suttner (1843–1914), geborene Gräfin Kinsky, erregte mit ihrem Roman «Die Waffen nieder» internationales Aufsehen. 1905 wurde sie erste Friedensnobelpreisträgerin (mit Alfred Nobel hat sie sich einst im Zürcher Hotel Baur au Lac getroffen). 1912 sah sie klar voraus, was kommen würde: «Jetzt ist die Luft erobert, wir können über die Grenzen fliegen und in Höhen uns schwingen – der Krieg besitzt eine neue Waffe **mehr.**»

Die Wieskirche bei Steingaden im Allgäuer Pfaffenwinkel gilt als die schönste Rokoko-Kirche der Welt. Das 230 Jahre alte Gotteshaus ist so schwer geschädigt, dass es am 11. November 1984 geschlossen werden musste. Schuld daran sollen die tieffliegenden Düsenmaschinen der Bundeswehr, die Phantoms, Starfighter und Tornados, sein, die bis dreissigmal täglich in einer Höhe von 50 bis 150 Metern mit einer Geschwindigkeit von rund 1000 Kilometern in der Stunde und mehr über die Wallfahrtskirche jagen. Bei Durchbrechen der Schallmauer gibt's gar den grossen Knall, und die Kirchenfenster klirren.

Wieskirch-Pfarrer Georg Kirchmeir, zwar ein gottesfürchtiger Mann, der vor allem auf die Kraft des Gebets vertraut, liess dazu die deutsche «Quick» wissen: «Doch in den letzten Jahren habe ich so manch heiligen Fluch gen Himmel geschickt, damit der liebe Gott uns endlich von diesen saumässig heulenden Dingern verschont. Denn sonst fällt uns das wunderschöne Gotteshaus eines Tages wirklich über dem Kopf zusammen.»

US-Admiral Richard Byrd, der den Nord- und den Südpol überflogen hatte, antwortete auf die Frage, ob er auf seiner jüngsten Expedition viel Abenteuerliches erlebt habe: «Nein, ich bin einfach zum Nordpol und zurück geflogen ohne Abenteuerliches, weil ich den Flug sehr sorgfältig vorbereitet hatte. Zu Abenteuern wäre es wohl nur nach oberflächlichen Vorbereitungen gekommen.»

1952. Die Fluggesellschaft BOAC setzte die erste Düsenverkehrsflugzeugmaschine der Welt ein. Und ihr Boss, Sir Miles Thomas, trumpfte auf: «Dank der Geschwindigkeit der ‹Comet› können jetzt die New Yorker auf den Bermudas baden gehen und sich daheim abtrocknen.»

Nicht einkalkuliert hat der BOAC-Boss den Weg von daheim zum Flughafen und zurück.

Pressemeldung: Eine USA-Fluggesellschaft bat das britische Verkehrsministerium um die Erlaubnis, von einem Londoner Flughafen aus um halb zwei Uhr morgens einen Linienflug starten zu dürfen. Das Ministerium winkte ab. Denn kaum war die Nachricht vom amerikanischen Gesuch in der Öffentlichkeit durchgesickert, begannen die Einwohner der just in der Flugschneise liegenden Gemeinde Longford, dem Verkehrsminister und seinen Mitarbeitern um halb zwei Uhr früh zu telefonieren und zu fragen: «Guten Tag, habe ich Sie geweckt?»

In den sechziger Jahren wurde als erstes Überschallflugzeug für den Passagierverkehr die englisch-französische «Concorde» eingesetzt. Ihr folgte etwas später die russische «Tupelew 144». Ihrer verblüffenden Ähnlichkeit mit der Concorde wegen erhielt sie den Spitznamen «Concordski».

Was macht ein Kriegspilot nach Kriegsende? Einer bemerkte nach dem Ersten Weltkrieg: «Das grösste Risiko beim Fliegen ist gegenwärtig die Gefahr, zu verhungern.» Ähnliche Sorgen hatten die Pilotinnen der amerikanischen WASP, Kürzel für die Einheit «Women's Airforce Service Pilots», als am 20. Dezem-

ber 1944 im Hinblick auf das sich deutlich abzeichnende nahe Kriegsende das WASP-Programm eingestellt wurde. Eine der WASP-Pilotinnen fragte daheim brieflich an: «Könnt ihr ein gutes Hausmädchen mit 800 Flugstunden brauchen?»

Anfang der sechziger Jahre gaben die Eastern Airlines stolz bekannt: Wir lassen jede Stunde ein Flugzeug von New York nach Washington fliegen, Reservierungen sind deshalb nicht mehr nötig. Ausserdem wird ein zweites Flugzeug eingesetzt, wenn nicht alle wartenden Passagiere Platz finden.

So kam es einmal, dass ein 96. Fluggast – 95 hatten Platz – ganz allein in einer kleinen Maschine für 40 Personen mit zwei Piloten und einer Hostess nach Washington flog. Wenn das kein Dienst am Kunden ist!

Hannes Trautloft erzählt von einem Piloten, der voller Schrecken die rote Lampe in seiner Maschine aufleuchten sieht und ruft: «Mir fehlt ‹Vitamine›!» Da «Vitamine» in Deutschland ein Deckname für Brennstoff ist, reagiert ein Staffelkamerad bitter scherzend: «Iss Tomaten, da hat's Vitamine drin!»

In der Schweiz hätte der Dialog nicht stattgefunden. Denn hier heisst der Brennstoff, jedenfalls im militärischen Funkcode, «Campari».

Mehr als einmal haben sich Flughostessen Männermagazinen wie «Playboy» und «Penthouse» für Nacktaufnahmen zur Verfügung gestellt. Und in den USA errang eine Angehörige der Luftwaffe den Titel einer «Unbekleideten Miss Florida». Ihre Vorgesetzten drehten ihr keinen Strick daraus, sondern registrierten milde: «Nun ja, wenigstens war sie nicht in Uniform.»

Einer meinte: Der Rettungshelikopter ist für die Alpinisten das, was für die Gläubigen früher der Engel war: die Hoffnung, noch einmal davongekommen zu sein.

Ein norwegischer Organist spielte, wie 1972 gemeldet wurde,

auf seiner elektronischen Orgel voller Hingabe den Choral «Näher mein Gott zu dir», als plötzlich aus der Orgel eine Stimme ertönte: «Mach dich bereit zum Start!» Elektronikexperten kamen dem Wunder auf die Spur. Die Orgel hatte als Empfänger für einen Funkspruch vom Kontrollturm eines etwa 20 Kilometer entfernten Flugplatzes gewirkt.

Nach ihren Besprechungen 1972 mit der amerikanischen Regierung in Washington erzählte Frau Golda Meir, dass die Herren die hohen militärischen Qualitäten der Israelis nicht genug rühmen konnten. Ein Regierungsbeamter meinte bei den Verhandlungen, die israelischen Piloten gehörten zu den besten der Welt. Frau Golda Meir antwortete darauf: «Ja, sie sind so gut, dass ihr hier denkt, sie brauchten gar keine Flugzeuge!»

Unfreiwilligen Humor lieferte die amerikanische Fluggesellschaft Panam, als sie knapp vor der Sprengung ihrer Boeing 747 im Jahre 1970 in mehreren Beiruter Tageszeitungen mit einer grossen Anzeige für die bevorstehende Indienststellung des Düsenriesen auf der Nahostroute warb. Im Inserat hiess es unter dem Bild eines Mannes, der mit einem Schmetterlingsnetz nach einem Flugzeug hascht: «Die Boeing 747 ist das Feinste, was in der Luft fliegt. Erstaunlicherweise ist sie auch dabei, das Flugzeug zu werden, das man am leichtesten erwischen kann.»

Zeitungsmeldung im November 1984: Der mit mehreren internationalen Preisen ausgezeichnete Solohornist der Münchner Philharmoniker, der 30jährige Amerikaner (und Yoga-Anhänger) Eric Terwilliger, musste sich vor Gericht in Berlin wegen «Beihilfe zur Einfuhr von Kriegsgerät» verantworten. Er hatte im September 1983 den Präsidenten des «Sivananda Yoga Vendanta Centers» bei Montage und Start eines Motorseglers unterstützt, mit dem der Yogi vom Westberliner Modellflugplatz Gatow in die DDR geflogen war, um zu demonstrieren, dass man äussere Grenzen ebenso überwinden könne wie innere. Das tat denn der Yogi auch: Er ist flüchtig.
Terwilliger, Hornist von Weltruf, musste nur eine Geldbusse

von 600 Mark zahlen. Er weiss seither, dass nach Gesetz Nr. 43 der Alliierten aus dem Jahre 1946 auch «ein Modellflugzeug ein Kriegsgerät ist, dessen nicht genehmigte Einfuhr und Benutzung in Berlin als schweres Vergehen gilt».

Eine hübsche, aber leicht mollige Miss Austria fliegt nach Amerika, um sich an der Wahl einer Miss Universum zu beteiligen. Im Flugzeug rührt sie die kulinarischen Köstlichkeiten nicht an. Ihr Nebenan wundert sich: «Wozu fliegen Sie denn erster Klasse, wenn Sie diese leckeren Sachen nicht essen?» Miss Austria seufzt: «Ja, wissen Sie, die Fahrspesen kann ich abziehen, aber die Kalorien nicht.»

Das Hollywood der dreissiger Jahre verdankte seinen Ruf nicht zuletzt seinen Klatschkolumnistinnen und ganz besonders Louella «Lolly» Parson. Sie hatte so viel Macht, dass der New Yorker Journalist Walter Winchell vorschlug, man möge Hollywood in «Lolly-wood» umtaufen. Und der Schauspieler Eddie Cantor sagte bei einem Bankett zu ihren Ehren: «Ich bin aus dem gleichen Grunde hier wie die anderen Gäste: sie schreckten alle davor zurück, nicht zu kommen.»

Als der Humorist Bob Hope im Zweiten Weltkrieg zur Truppenbetreuung zur Front flog und angeben musste, wer im Falle eines Unglückes zu verständigen sei, antwortete er: «Louella Parson. Denn sie würde es mir nie verzeihen, wenn sie nicht als erste erführe, dass ich tot bin.»

Bei den Kursen zur Ausbildung als Hostess einer Fluglinie wurde den jungen Damen eingeschärft, dass jede von ihnen sich als «Botschafterin des guten Willens» fühlen sollte. Eine der Schülerinnen brummte: «Seit wann müssen Botschafterinnen den Toilettenraum putzen?»

Dem arbeitslosen Dänen Rosenberg, 48, gelang es laut Pressemeldung vom Oktober 1984, mit der skandinavischen Fluggesellschaft SAS gratis erster Klasse nach Rio zu fliegen. Er kaufte für 370 Franken ein Billett nach Lissabon. Im Flugzeug erfuhr er, dass das nächste Ziel Rio de Janeiro war. Da änderte er seine Reisepläne und stellte sich vor der Zwischenlandung schlafend. Erst nach dem Start «erwachte» er und klagte, man habe ihn nicht geweckt. Er wurde in die erste Klasse gebeten, dort feudal bewirtet, in Rio in einem Erstklasshotel untergebracht und mit einer nächsten Maschine wiederum erster Klasse zurückgeflogen.

Die Pointe: Daheim in Kopenhagen verkaufte er seine Story für 300 Franken an eine Tageszeitung. Worauf die geprellte SAS von ihm 7350 Franken für Flug und Unterkunft forderte ...

Igor Strawinsky teilte im Gespräch mit Robert Kraft sein Leben witzig in drei Perioden ein: in eine Velo-, eine Auto- und eine Flugzeugperiode. Wobei die Veloperiode von 1915 bis 1920 die kürzeste gewesen sei.

Kriegspilot Ernst Udet wurde nach dem Ersten Weltkrieg nicht nur ein hervorragender Kunstflieger mit überaus beliebten sonntäglichen Schauprogrammen, sondern erwies sich auch als talentierter Karikaturist. Im 1928 herausgegebenen Buch «Hals- und Beinbruch» mit Zeichnungen von Udet findet sich eine Karikatur: Udet in seiner Maschine. Darunter der Vers des Buchtexters C. R. Roellinghoff: «Wer fliegt so früh mit dem Morgenwind? / Das ist der Udet, das fröhliche Kind – / Ein Lächeln verschönt ihn, frisch singt er im Zug. / Und's ist (frei nach Uhland) ‹Des Sängers Flug!›»

Ein Höhepunkt im Schaufliegen Udets war sein Auftritt als «Professor Canaros, Verfasser des Buches ‹Lerne fliegen in zwei Stunden›.» Als bärtiges, weisshaariges Männchen in Gehrock, Zylinder und mit Regenschirm zeigte er glänzende fliegerische Kunststücke, aber so präsentiert, dass die Zuschauer den Eindruck hatten, ein Anfänger entkomme da immer nur knapp einem Absturz. Der Schweizer Grock, damals der berühmteste aller Clowns, war vom «Professor Canaros» dermassen hingerissen, dass er zu Ernst Udet sagte: «Wären Sie nicht Flieger geworden, wären Sie das geworden, was ich bin.»

Vom deutschen Nationaltorhüter Sepp Maier, geboren 1944, wird erzählt: Eine Boeing 737 der Lufthansa mit der deutschen Nationalmannschaft an Bord im Anflug auf München. Sepp Maier greift zum Bordmikrophon und scherzt: «Passt's auf, Manndln, alle Preiss'n werden jetzt zur Passkontrolle gebeten. Mir Bayern ham rechts an separaten Ausgang!»

Seinerzeit hatte die neuerrichtete Moskauer Vertretung der «Austrian Airlines» (AUA) Mühe, einen Mann zu finden, der alle Bedingungen erfüllte, die dieser Posten verlangte: er sollte repräsentativ und gebildet sein und zumindest Deutsch, Englisch und Russisch perfekt sprechen können. Der junge Graf Razumovsky war der einzige geeignete Mann. Als er sich in Begleitung des österreichischen Botschafters in Moskau vorstellte, fragte ein Moskauer Stadtrat, warum Österreich ausgerechnet einen ehemals russischen Grafen für dieses Amt ausgesucht hätte. Der österreichische Botschafter erklärte: «Österreich ist ein kleines Land; bei uns ist fast jeder zweite ein Adeliger.»

Mai 1984: Tony Pierres, Fallschirmspringer-Debütant, verfehlte bei seiner ersten Landung das Ziel auf dem britischen Flugfeld Brunton. Statt dessen schwebte er auf einer nahen Weide direkt auf den Rücken eines Stieres, der den unerfahrenen Rodeoreiter abschüttelte und erschreckt davonstob.

Die ersten Flugstewardessen waren Mitte der dreissiger Jahre eine kleine Sensation. Sie hatten zahlreiche Verhaltensregeln zu befolgen, etwa die folgende, laut Anweisung der Lufthansa: «Stell dich mit dem Rücken nach vorn, wenn du mit Passagieren sprichst oder das Essen servierst. Wenn du dich unterwegs in Flugrichtung bückst, so riskierst du, deine Höschen dem nächstsitzenden Passagier ins Gesicht zu strecken.»

Als die Beatles längst steinreich, aber noch beisammen waren, liess der Journalist Bob Orben über ihre nächsten Pläne wissen: «Sie werden für Tausende von Dollars Gepäck einpak-

ken, mit ihren Rolls-Royce-Wagen zum Flugplatz fahren, erster Klasse nach Indien fliegen und dort über das einfache Leben meditieren.»

✛

Am 30. August 1933 nahm die Air France, aus fünf Vorgängerunternehmen entstanden, ihren Betrieb auf. Die Kunden wurden mit Ratschlägen eingedeckt. Zum Beispiel: «Werden Sie nicht ungeduldig, wenn der Flug nicht auf die Stunde genau beginnt, wie er im Flugplan angegeben ist. Diese Verspätung ist nicht auf die Nachlässigkeit der Fluggesellschaft zurückzuführen, sondern auf deren Bemühen, Sie so sicher wie möglich an Ihr Ziel zu bringen. Es ist nämlich besser, das gute Funktionieren eines Motors ein zweites Mal zu überprüfen, als sich auf ein Abenteuer mit ihm einzulassen.»

Mit diesen Ermahnungen im Sinn dürfte es keinen Fluggast verwundert haben, dass der Eröffnungsflug von Paris nach Berlin zwei Stunden verspätet in Tempelhof endete. Nicht wegen Motorenkontrolle freilich. Sondern: Flugkapitän René Robin hatte sein Visum vergessen und wurde bei einer Zwischenlandung in Köln erst einmal zur Überprüfung seiner Personalien abgeführt.

✛

Über die hervorragenden Messerschmitt-Flugzeuge kursierte ein masslos untertreibender, aber auch von Konstrukteur Willy Messerschmitt gelegentlich verwendeter Zweizeiler: «Ein bisschen Blech, ein bisschen Kitt, / und fertig ist die Messerschmitt.»

Mirage

Der EMD-Chefposten ist nicht eben das populärste Amt. Unter dem Einfluss von Bundesrat Paul Chaudet (Amtszeit 1954–1966) gab das Parlament die Entwicklung des schweizerischen Flugzeugtyps P 16 auf und beschloss den Ankauf von 100 französischen «Mirage 3». Die Anschaffung drohte so teuer zu werden, dass die Bestellung später auf 57 Apparate reduziert wurde. Man scherzte damals, Kremlboss Chruschtschow sei nur deshalb gestürzt worden, weil er dem Chef EMD, Paul Chaudet, die verbleibenden 43 Mirages habe abkaufen wollen.

Der «Mirage»-Vogel gehörte zu den grossen Sorgenkindern des EMD. Die einen witzelten: «Die Mirages fliegen so hoch, damit man die Preisetikette nicht lesen kann.»

Andere behaupteten: «Eine Mirage kam beim Start nicht vom Boden, weil sich wegen der nicht entfernten Preisetikette Übergewicht ergab.»

Noch andere sagten: «Was ist der Unterschied zwischen unseren Mirages und den Militärflugzeugen anderer Länder?» Antwort: «Die ausländischen fliegen.»

Wetterbericht 1964 aus dem Bundeshaus: «Mirage – Nuage – Orage.» Also: Mirage, Wolken, Gewittersturm.

Aus den Buchstaben des Wortes Mirage machte einer anno 1964:

Millionen-
Irrtum
Realistisch
Ahnungslos
Gutmütiger
Experten.

Die teure Mirage-Luftflotte, zuerst auf 100 Maschinen festgelegt, sollte also nur noch 57 Maschinen zählen. Obschon die Produktion allenthalben schon angelaufen war und von einzelnen Teilen bereits die zuerst beabsichtigten 100 Stück fertiggestellt waren. Einer meinte dazu: «So wird man wenigstens über genügend Ersatzteile verfügen.»

Im Sog der Mirage-Affäre: Ein Stellungspflichtiger meldet sich bei der Rekrutierung bei der Flugwaffe. Der Aushebungsoffizier: «Wünschen Sie als Fliegersoldat, Flugzeug-mechaniker oder Übermittlungsmann eingeteilt zu werden?» Der Stellungspflichtige: «Als Einkäufer.»

Neues Berner Motto anno 1964: «Wer nicht fliegen kann, Chaudet der Heimat.»

Mitte der sechziger Jahre. Im Schnellzug von Bern nach Lausanne sitzt ein höherer Offizier. Wegen Arbeiten am Geleise muss der Zug seine Fahrt verlangsamen. Der Offizier wird ungeduldig, fragt den Kondukteur: «Habt ihr eigentlich einen Bagger statt einer Lokomotive an eurem Zug?» Und der Kondukteur umgehend: «Nein, eine Mirage.»

Aus der Mirage-Epoche: «Rekrut Huber, warum muss man im Gelände den Stahlhelm aufsetzen?» Und Rekrut Huber: «Damit man geschützt ist, wenn einem eine ‹Mirage› auf den Schädel plumpst.»

1966: Die Mirage-Flugzeuge werden weitere sechs Monate lang getestet. Kommentar eines Kolumnisten: «Testival Chaudet um sechs Monate prolongiert.»

Im Zusammenhang mit der Mirage-Affäre wurde in einem Familienkreis recht ausgiebig über das EMD gelästert. Abschliessend sagte die Gattin zu ihrem Mann: «Wär's nicht besser, ihr Schweizermannen würdet ein bisschen mehr dem EMD auf die Finger als den Frauen auf die Beine gucken?»

Bundesrat Paul Chaudet bekannte in seinen Erinnerungen, dass die Mirage-Flugzeug-Affäre schwer auf seinen letzten drei Amtsjahren gelastet hätte. Hinzu kam noch dieses und jenes. Item: Ungefähr zwei Jahre vor Chaudets Rücktrittserklärung zirkulierte der Spruch: «Bundesrat Chaudet geht nur noch barfuss, damit man ihm nicht mehr alles in die Schuhe schieben kann.»

PS: 1964 vertrieben sich, wie ein Mitarbeiter des «Nebelspalters» berichtete, zwei Häfelischüler auf dem Heimweg von der Schule die Zeit damit, einander nach allen Regeln der Kunst zu fuxen. Der eine: «Du chansch jo ned amol Französisch.»

Der andere: «Jo, besser als du.»

«So säg öppis!»

«Miraasch.»

«Das isch jo gar ned französisch, das isch nume wüescht gredt.»

Vom Start bis zur Landung

Telefonanruf bei der Swissair: «Wie lange dauert ein Flug von Kloten nach London?»

Die Telefonistin im Stress: «Nur einen Augenblick!»

Worauf der Interessent: «Danke für die Auskunft!» Und hängt ab.

Ein biederer Schweizer will endlich seine in Amerika verheiratete Tochter besuchen und hat deshalb den ersten Flug seines Lebens gebucht. Ein Freund: «Hast du nicht ein bisschen Herzklopfen wegen der Fliegerei?»

Der Biedere: «Keine Spur. Weisst du, ich habe schon so manchen Luftpostbrief nach Amerika geschickt, und bis jetzt ist jeder dort angekommen.»

Spiritistische Séance mit Medium. Ein Bub wünscht mit seinem Grossvater in Kontakt zu kommen. Das Medium strengt sich an, nach allerlei Brimborium ist es soweit. Der Grossvater meldet sich, zumindest angeblich, aus dem Jenseits.

Der Enkel: «Grosspapa, bist du im Himmel?»

Die Stimme bejaht.

Der Bub: «Bist du ein richtiger Engel mit Flügeln?»

Die Stimme bejaht.

Darauf der Enkel aufs höchste gespannt: «Eine technische Frage, Grosspapa: wieviel Meter Spannweite?»

Bei Tropenhitze zu lesen: Zwei Kartoffeln fliegen durch die Luft. Da sagt plötzlich die eine zur andern: «Du, da kommt ein Helikopter, pass auf, sonst kommst du in den Propell-pell-pell …»

✈

Bei 3000 Meter Höhe steigt ein Fallschirmspringer aus dem Flugzeug. Nach dem Absprung zieht er an der Reissleine. Nichts geschieht. Er versucht den Reserveschirm zu öffnen. Nichts tut sich. Da kommt ihm von unten ein Mann in einem grauen Arbeitskittel mit einem Schraubenschlüssel in der Hand entgegen. «Hallo», ruft der Fallschirmspringer, «reparieren Sie auch Fallschirme?»

Worauf der andere: «Nein, nur Gasheizungen.»

«Hat euer Pilot noch nie etwas von Umweltschutz gehört?» mault ein Passagier kurz vor der Landung. «Wozu lässt er den Motor laufen, wenn es bergab geht?»

Ein Mann tritt ins Cockpit des amerikanischen Flugzeugs, droht mit vorgehaltener Pistole und verlangt, dass der Pilot in Mexiko lande. «Sorry», sagt der Pilot, der eigentlich New York ansteuern müsste, «vor ein paar Minuten war einer da mit einer Bombe und hat eine Landung in Chile bestellt.»

Ein Flugzeug notlandet in der wildesten Wildnis. Ein kleiner Kannibale läuft hin. Und seine Mama ruft hinterher: «Vergiss nicht, dass man von Flugzeugen nur das Innere essen kann!»

Einer schwärmt: «Für mich gibt es nichts Herrlicheres als fliegen, fliegen und nochmals fliegen.»

Worauf ein anderer: «Also ich persönlich kann die lästigen Viecher nicht ausstehen.»

Ein Schweizer, ein Franzose und ein Ostfriese möchten vom Flugzeug aus mit dem Fallschirm abspringen. Als erster springt der Ostfriese, sein Fallschirm öffnet sich, er schwebt flott. Dann startet der Schweizer. Sein Fallschirm streikt, der Mann fällt pfeilgerade erdwärts. Gleiches passiert dem Franzosen. Als die beiden am Ostfriesen vorbeisausen, schmeisst dieser seinen Fallschirm weg und ruft begeistert: «Ach so, das ist ein Wettspringen? Da bin ich aber dabei!»

Ein Philosoph und Denker fliegt nach Amerika und denkt laut, was ihn zurzeit beschäftigt: «Ach, was ist der Mensch? Wo kommt er her, wo geht er hin?»

Darauf die Hostess, die zugehört hat: «Also, wir kommen von Zürich-Kloten und fliegen nach New York.»

✈

Mit rotem Kopf, zerzauster Frisur und zwei abgerissenen Blusenknöpfen kommt die attraktive Hostess ins Cockpit gestürmt und sagt zum Piloten: «Schnell, was heisst ‹nein› auf Suaheli?»

✈

Der Captain der DC-10 zur entgeisterten Flugzeugpassagierschar: «Hat zufälligerweise jemand unter Ihnen einen Schraubenzieher bei sich?»

✈

Durchsage am Flughafen Kloten: «Die Passagiere des Fluges von London nach Zürich werden gebeten, ihr Gepäck abzuholen. Bitte kommen Sie zum Gepäckschalter 3 am Kennedy-Flughafen in New York!»

✈

Aufforderung per Funk vom Tower aus an einen Ostfriesen, der mit seiner eigenen Sportmaschine einen Flughafen anfliegt: «Bitte geben Sie uns Ihre Höhe und Ihre Position an!»

Der Ostfriese meldet zurück: «Ich bin einen Meter vierundsiebzig und sitze ganz vorn.»

✈

Der Verkäufer zum zornig Gestikulierenden: «Sie sind der erste Kunde, der sich bei uns darüber beschwert, dass sein Fallschirm nicht aufgegangen ist.»

✈

Der Pilot der Kleinmaschine erklärt seinem Passagier, einem Abgeordneten, den Gebrauch des Schleudersitzes. Der Politiker: «Und was geschieht, wenn der Sitz nicht funktioniert?»

Und der Pilot sachlich: «Eine Nachwahl in Ihrem Stimmkreis.»

Der Bub im afrikanischen Busch sieht erstmals ein Flugzeug und sagt: «Mama, kann man diesen Vogel auch essen?»
Die Mama: «Jawohl, aber es ist wie mit den Ostereiern: zuerst muss man ihn schälen.»

Erstmals sollen die Fallschirmspringer aus einem Flugzeug springen. Ein Unteroffizier schubst jeden ins Freie. Einer wehrt sich, wird aber auch hinausbugsiert. Da lacht ein Rekrut. Der Unteroffizier herrscht ihn an: «Und Sie können über einen solchen Feigling noch lachen?»
«‹Feigling› ist ja sehr schön», gluckst der Rekrut, «immerhin war das unser Pilot.»

Abstrakt. Zwei Goldfische sitzen auf einem Baum und stricken. Fliegen zwei Elefanten vorbei. Sagt der eine Goldfisch melancholisch: «Jaja, fliegen müsste man können.»

Ein Filmproduzent, der mit seinen letzten zwei Filmen keinen Erfolg gehabt hat, lässt seine Freunde wissen: «Meine nächsten Filme werde ich nur in Flugzeugen aufführen lassen.»
«Und warum das?»
«Damit das Publikum nicht vor Schluss davonlaufen kann.»

Was taten die Ostfriesen, als sie das erstemal ein Flugzeug sahen? Ganz klar: Sie liefen in den Wald und suchten das Nest.

Durchsage im Flugzeug: «Meine Damen und Herren, hier spricht Ihr Kapitän. Wegen eines Defektes haben wir soeben eines unserer vier Triebwerke ausser Betrieb setzen müssen. Das ändert jedoch nichts an unserem Flug, wir werden in einer halben Stunde in Rom landen. Übrigens habe ich die Ehre, Ihnen mitteilen zu dürfen, dass wir vier Kardinäle an Bord haben.»

33

Ein älterer Passagier winkt eine Hostess herbei und sagt: «Richten Sie Ihrem Kapitän doch bitte aus: vier Triebwerke und drei Kardinäle wären mir lieber.»

✦

In der Wüste stürzt ein Flugzeug ab. Lediglich ein Geiger überlebt. Als Löwen sich ihm nähern, beginnt er in der Angst zu spielen. Die Löwen setzen sich, hören mit Vergnügen zu. Da kommt noch ein alter Wüstenkönig dazu und frisst den Musiker. Empört fragen die andern: «Warum das, er spielte doch so schön!?»

Der alte Löwe hebt seine Pfote ans Ohr und fragt harthörig: «Wie bitte, was sagt Ihr?»

✦

«Was ist eigentlich das Aufreibendste hier beim Flughafendienst?» erkundigt sich ein Fluggast neugierig.

«Das Aufreibendste? Tja, das sind zweifellos die vielen Reisenden und Umsteigenden, die täglich mit allen möglichen und unmöglichen Fragen über uns herfallen.»

«Und Sie können immer die richtige Antwort geben?»

«Nein, nicht immer, das verbietet uns die Höflichkeit.»

✦

Anfrage einer reiselustigen Amerikanerin in einem Verkehrsbüro: «Ich habe zwei Tage für Italien reserviert. Am ersten Tag vormittags will ich die Stadt Rom besichtigen, falls es da genug zu sehen gibt. Wohin könnte ich nachmittags noch zweckmässig fliegen?»

✦

Der Instruktor zu den Rekruten des Fallschirmspringercorps in der ersten Stunde: «Auf tausend Absprünge gibt es einen Todesfall. Da ihr nur vierzig seid, habt ihr also nichts zu befürchten.»

✦

Eine japanische Industriellendelegation befindet sich auf dem Flug in die DDR. Kurz vor der Landung in Ost-Berlin meldet sich die Hostess über den Bordlautsprecher: «Bitte schnallen

Sie sich an, stellen Sie das Rauchen ein und die Uhren um 20 Jahre zurück!»

✦

Verärgert fragt eine Frau am Schalter einer Fluglinie: «Wie zum Kuckuck kann denn etwas, das 900 Kilometer in der Stunde fliegt, Verspätung haben?»

✦

In der Sowjetzone waren Grotewohl, Pieck und Ulbricht Gegenstand zahlreicher politischer Witze. Zum Beispiel:
Die drei sind im Flugzeug unterwegs nach Moskau. Über dem Gebiet der Sowjetzone macht Grotewohl den Vorschlag: «Werfen wir eine Hunderternote aus dem Flugzeug, dann freut sich ein Mensch!» Ulbricht steigert: «Werfen wir lieber zwei Fünfzigernoten ab, dann freuen sich zwei Menschen!» Pieck schliesslich: «Wenn wir zehn Zehnernoten abwerfen, können sich zehn Menschen freuen.» Da unterbricht der Pilot: «Wenn ihr jetzt nicht ruhig seid, werfe ich euch alle drei hinunter. Dann freuen sich 17 Millionen Menschen.»

✦

Der Gefängnisdirektor zum neu eingelieferten Sträfling: «Wir beschäftigen die Insassen des Hauses gern in ihren normalen Berufen. Sagt Ihnen das zu?»
«Sehr sogar.»
«Und was sind Sie von Beruf?»
«Flieger.»

✦

Flüsterwitz im Osten, Jahre zurück: «Breschnew (Sowjetunion), Kadar (Ungarn) und Gomulka (Polen) sind mit dem Flugzeug abgestürzt. Frage: «In welchem Land wird die grösste Trauer herrschen?» Antwort: «In der DDR, denn Ulbricht war nicht dabei.»

✦

Die Flughostess freundlich: «Bitte jetzt das Rauchen einstellen und die Gurte schliessen!» Kurz danach meldet sie sich noch einmal, zuckersüss: «Ich bitte Sie freundlich, die Gurte noch et-

was enger zu schnallen. Wie wir soeben feststellten, haben wir vergessen, das Mittagessen an Bord zu nehmen.»

Europäer im Safari-Look zu einem Eingeborenen: «Schwarzes Mann, du lucki-lucki gesehen grosses Silbervogel ...?»

«Nein», schneidet ihm der Wilde das Wort ab. *«Aber dort drüben in der riesigen Buschschneise steht eine DC-10 der Swissair.»*

Zwei Piloten im Café. Der eine liest Zeitung, muss das Blatt aber ganz dicht vor die Augen halten. Der andere: «Du siehst ja hundsmiserabel. Wie startest du denn überhaupt dein Flugzeug?»

«Kein Problem, mein Lieber. Ich gehe auf Vollgas, und wenn der Kopilot ⟨Um Gottes willen!⟩ ruft, ziehe ich die Maschine hoch.»

Kleine Luftverkehrslinie in Südamerika. Der Pilot teilt den Passagieren mit, er fliege erst los, wenn der Flugzeugmotor ausgewechselt sei. Eine Stunde danach werden sie zusammengetrommelt und gebeten, wieder Platz zu nehmen. Fragt einer: «Haben wir jetzt einen anderen Motor?»

Da brummt einer von der Besatzung: «Nein, einen anderen Piloten.»

«Übermorgen fliegen wir nach Tokio, um einen rassigen Kimono zu kaufen.»

«Den bekommt ihr doch auch in einem guten Spezialgeschäft.»

«Ich weiss, aber wo kann man in Zürich parkieren?»

Der hoffnungsvolle junge Mann hat endlich sein Brevet als Privatpilot in der Tasche. Und tut, was er sich schon lange vorgenommen hat: Er lädt seinen Grossvater, der noch nie in einem

Flugzeug gesessen hat, zu einem Flug ein. Prächtiger Start, wunderschöner Flug. Aber Pech danach: Nach allerlei Beschwerlichem im Blitztempo Bruchlandung samt zweifachem Überschlag in einem Acker. Der Grosspapa schaufelt sich aus den Trümmern, äussert sich hell begeistert über den Flug. «Nur eines frage ich mich», meint er abschliessend zum Enkel, der sich auch wieder hochgerappelt hat. «Gibt es kein einfacheres und materialschonenderes System, die Maschine zum Stehen zu bringen?»

Heiri zu Kari: «Man sollte es nicht für möglich halten, dass die Leute vor hundert Jahren ohne Flugzeug, Auto und Fernsehen haben leben können.»

Kari: «Aber du siehst doch, dass sie ohne das alles nicht haben leben können. Sind doch alle gestorben.»

Scherzfrage: Was fliegt in der Luft und klirrt?
Antwort: Ein Maikäfer mit Schneeketten.

Ein Stänkerer: «Das ist Fliegen im Düsenzeitalter: Frühstück in Rom, Mittagessen in Bangkok, Gepäck in San Francisco.»

Die Bundeswehr der Bundesrepublik Deutschland hat im Laufe der Jahre eine dreistellige Zahl von Starfighter-Flugzeugen durch Abstürze verloren. Daher die Scherzfrage: «Wie kommen Private zu einem Starfighter?» Und die Antwort: «Sie kaufen ein Stück Land und warten ab.»

Die Hostess gibt der älteren Frau, die über Ohrensausen klagt, Kaugummi. Die Passagierin am Ende des Fluges: «Hat aber prächtig geholfen, schönen Dank! Bloss: wie bringe ich jetzt die Kügelchen wieder aus den Ohren?»

Ein Rekrut der Luftwaffe fragt den Feldweibel am dritten Ausbildungstag: «Wann kommen wir denn endlich zum Fliegen?»

Darauf der Feldweibel: «Fliegen wollen Sie? Bei mir lernen Sie zuerst einmal richtig gehen!»

Flug von New York nach Miami. Plötzlich steht ein Passagier mit vorgehaltener Pistole vor dem Flugkapitän und befiehlt grimmig: «Sofort Miami anfliegen!»

Der Kapitän: «Das tue ich doch ohnehin!»

Doch der Passagier: «Das sagen Sie so leichtsinnig daher. Dabei bin ich diese Strecke letzten Monat dreimal geflogen, und jedesmal sind wir in Kuba gelandet.»

Mutter: «Mein Sohn möchte rasch vorwärts kommen. Wissen Sie einen Beruf für ihn?»

Berufsberater: «Pilot.»

Flugzeugpanne über dem Ozean. Notwasserung. Rettungsboote. Passagier -ckdt- aus Basel: «Welches Boot ist für Nichtraucher?»

Nach dem Start erreicht via Lautsprecher eine Mitteilung die Ohren der Flugpassagiere: «Meine Damen und Herren, dieses Flugzeug wird nicht von einem Piloten gesteuert, sondern von einem allermodernsten und in härtesten Tests erprobten Computer. Pannen sind vollkommen ausgeschlossen ... ommen ausgeschlossen ... ommen ausgeschlossen ... ommen ...

Zu dritt sind sie in der Cessna unterwegs: ein Politiker, ein Pfarrherr und der Pilot. Dicke Panne. Und nur zwei Fallschirme vorhanden. Der Politiker hastig: «Im Interesse von Volk und Heimat muss ich heil aus dieser Sache kommen, ich bin meinem lieben Vaterlande unentbehrlich.» Packt schwupps ein Ding, schnallt es um und springt ab.

Darauf der Pfarrherr zum Piloten: «Schauen Sie, ich bin ein

alter Mann und habe im Leben nichts mehr zu versäumen. Neh-
men bitte Sie den zweiten Fallschirm für sich!»

Da winkt der Pilot fröhlich ab: «Alles in Ordnung, für uns
zwei steht noch je ein Fallschirm zur Verfügung. Der Politiker
hat in der Eile den Rucksack erwischt.»

Fluggast: «Wo sind wir?»
Hostess: «Über Neapel.»
Fluggast: «Bitte keine Details, mich interessiert nur der
Kontinent.»

Ein Bekannter zu einem ehemaligen, ordentlich betagten Pi-
loten: «Wie habt ihr euch denn seinerzeit in der Luft orientiert,
als es die ganze Elektronik von heute noch nicht gab?»

Der Senior gemütlich: «Ach, wissen Sie, da sind wir unter-
wegs einfach irgendwo gelandet und haben eine Stewardess mit
dem Auftrag ausgeschickt, Schinkenbrötchen zu kaufen. Und
vom Papiersack haben wir dann ablesen können, wo wir uns be-
finden.»

Madame, üppig mit Garderobe ausgerüstet, hat zuviel Ge-
päck dabei. Der Gatte, beim Berappen des Übergewichts: «Üb-
rigens, die Konsole im Korridor hätten wir auch mitnehmen
sollen.»

Die Gattin: «Mach doch keine dummen Witze, wegen der
paar Kilo Übergepäck!»

«Liebste, es geht mir nicht ums Übergewicht. Sondern: auf
der Konsole liegen unsere Flugtickets.»

«Mama, Engel können doch fliegen?»
«Jawohl, mein Kind.»
«Dann kann unsere Haushalthilfe auch fliegen?»
«Keine Spur, die ist doch kein Engel.»
«Aber Papa hat zu ihr gesagt, sie sei ein herziges Engelchen.»
«Gut, mein Kind, morgen fliegt sie.»

Eine übermütige Fussballequipe kickt im Flugzeug plauscheshalber und bringt dadurch die anderen Flugpassagiere zur Verzweiflung. Sogar der Flugkapitän erteilt der Hostess Weisung, sie möge den Mordslärm abstellen. Zehn Minuten später herrscht Ruhe. Der Flugkapitän zur Hostess: «Wie haben Sie dem Rummel ein Ende machen können?»

Die Hostess milde: «Ich habe den Burschen erklärt: Spielt doch bei diesem schönen Wetter lieber ein bisschen Fussball im Freien! Und da sind sie nach draussen gegangen.»

✦

Die betagte Frau nach einem Blick durchs Flugzeugfenster zum Sitznachbarn: «Bitte, schauen Sie hinaus, das müssen Sie sehen: die Menschen da unten, klein wie Ameisen.»

Der Nachbar: «Gute Frau, das sind tatsächlich Ameisen. Wir sind noch gar nicht abgeflogen.»

✦

Ein Mäuslein spaziert mit seiner Mama, sieht über seinem Kopf eine Fledermaus schwirren und sagt: «Mama, wenn ich gross bin, möchte ich auch zur Luftwaffe.»

✦

Mama: «Weisst du, was mit kleinen Mädchen passiert, die ihre Suppe nicht essen?»

Töchterchen: «Aber klar, die bleiben schön schlank und werden später Flughostessen.»

✦

Österreicher haben angeblich keinen Zutritt mehr zum Eiffelturm. Weil sie immer versuchten, von dort aus Helikopter zu füttern.

✦

Die gnädige Frau aus Düsseldorf vor dem Kolosseum: «Ja ja, unsere Stukas!»

✦

Ein Flugpassagier pirscht sich nervös an eine Hostess heran und bittet um einen grossen Cognac; eine Frau neben ihm sei ohnmächtig geworden. Die Hostess schenkt ein, der Mann leert das Glas in einem Zug und sagt ganz gelöst: «Das hat gut getan. Wissen Sie, ich ertrage den Anblick ohnmächtiger Frauen nicht.»

Der Pilot im Urlaub mustert mit sichtlichem Vergnügen ein Mädchen an der Bar, an deren Halskettelchen ein kleines Schmuckflugzeug in Gold baumelt. Das Girl kokett: «Gefällt Ihnen das Flugzeug?»

Und der Pilot: «O ja, und noch mehr die Landepiste.»

«Sie sind also pleite und fliegen dennoch immer erste Klasse?»

«Muss ich doch, weil ich in der Economy Class meinen Gläubigern begegnen würde.»

Heiri Schweizer fliegt allein in die Ferien. Nicht gerade eine Weltreise, aber immerhin eine Halbweltreise. Nämlich nach Bangkok. Und seine Stammtischfreunde wünschen ihm: «Heiri, gute Reize!»

Das Flugzeug ist auf einer Höhe von mehreren tausend Metern unterwegs. Plötzlich eine Meldung des Captains über Bordlautsprecher: «Meine Damen und Herren, auf der rechten Seite passieren wir gerade Reinhold Messner!»

«Ich habe Sie mit Ihrer Sekretärin auf den Kanarischen Inseln gesehen.»

«Ja, das war unser Betriebsausflug.»

«Und wo waren denn die andern Mitarbeiter?»

«Denen war der Flug zu teuer.»

Stimme aus dem Bordlautsprecher: «In wenigen Minuten landen wir in Neapel. Schnallen Sie bitte Ihre Brieftaschen fest!»

Der US-Komiker und Multimillionär Bob Hope 1984: «Ich bin jetzt 81 Jahre alt. Aber wenn ich die Zeit abziehe, die ich damit verbracht habe, auf Flughäfen nach meinem Gepäck zu suchen, bin ich erst 43.»

✦

In einem ausländischen Reisebüro erkundigt sich ein Mann nach den Flügen nach Barcelona. Die Dame am Schalter: «Wollen Sie über München oder über Zürich fliegen?»
Der junge Mann: «Weder noch, sondern über Ostern.»

✦

Einer der vielen wegen ihres zaghaften Wuchses gehänselten Appenzeller entdeckt im Flugzeug die für den Fall von Übelkeit und Erbrechen bereitgestellte Tüte. Und brummt anerkennend: «Bombiger Service, sogar Schlafsäcke stehen zur Verfügung.»

✦

Ein Mann zum Arzt: «Mein Bruder bildet sich ein, er sei ein Helikopter.»
Arzt: «Schön, er soll vorbeikommen.»
«Gut, und wo kann er landen?»

✦

«Sind Sie auch schon einmal geflogen?»
«Selbstverständlich. Sogar fristlos.»

✦

Der Pilot nach einem Abstürzchen auf dem Lande zum Bauern entschuldigend: «Ich wollte einen Rekord aufstellen.»
Der Landwirt: «Haben Sie ja auch gemacht. Sie sind nämlich der erste, der auf meinem Land von einem Birnbaum herunterfällt, ohne ihn vorher bestiegen zu haben.»

✦

Der Fliegerunteroffizier hat zur routinemässigen ordentlichen Arztkontrolle anzutreten. Der Arzt weist ihn an, ihm den Rücken zuzuwenden. Und flüstert: «Zweihundertachtundvierzig.» Der Unteroffizier reagiert nicht.
Der Arzt laut: «Dreihundertsechsundsechzig!» Der UO

rührt sich nicht. Da schreit der Arzt: «Achthundertneunund-dreissig!!!» Kein Echo.

Der Arzt geht auf den Unteroffizier zu und brüllt ihm ins Ohr: «Nimmt mich zum Teufel wunder, wie Sie zu den Fliegern gekommen sind! Sie sind ja im höchsten Grad schwerhörig!»

«Eintausendvierhundertdreiundfünfzig!» sagt darauf der Unteroffizier.

Worauf der Arzt verblüfft: «Au pardon, in diesem Falle haben Sie ja ausgezeichnete Löffel. Gehör okay!»

Die Gattin zum Flugkommandanten, ihm ein Babydoll ent-gegenstreckend: «Das ist für dich.»

Er perplex: «Wieso für mich?»

«Nun ja, nachgeschickt vom Hotel, wo du und deine Crew in Hongkong übernachtet haben.»

Frage: Wie können die Araber israelische Flugzeuge von ei-genen Maschinen unterscheiden?

Antwort: «Ganz einfach: Was fliegt, ist Feind.»

Gefechtsübung. Der Kompaniekommandant schreit: «Ange-nommen, da vorn kommen feindliche Flieger!» Alle rasen dek-kungsuchend ins Gebüsch. Nur einer bleibt stehen und verkün-det: «Angenommen, Herr Hauptmann, hier steht ein Baum!»

Sagt der Ostfriese Hein, als das Flugzeug aus 6000 Metern zur Landung ansetzt: «Gott sei Dank können wir nicht herun-terfallen, wir sind ja angeschnallt!»

Nach langem Flug: Gepäckkontrolle. Ein Beamter wühlt im Gepäck eines Flugpassagiers, schneuggt ausgiebig in einem Stapel von Papieren, derweil der Passagier verklärt lächelt.

Der Beamte: «Warum freuen Sie sich? Andere würden sack-zornig.»

Der Flugpassagier: «Wissen Sie, ich bin Schriftsteller und hatte nicht mehr zu hoffen gewagt, dass sich überhaupt noch einmal jemand so gründlich für meine Manuskripte im Koffer interessieren würde.»

Beim Absprungtraining verlässt ein Fallschirmspringer nach dem andern das Flugzeug. Da bemerkt der Feldweibel im letzten Moment, dass der nächste, der abspringen muss, keinen Fallschirm um hat. «He», ruft er, «wo haben Sie Ihren Schirm?»

Darauf der Mann irritiert: «Warum? Regnet's?»

Die Gattin des Piloten: «Mein Mann ist monatlich bestenfalls zehn Tage zu Hause.»

«Du liebe Zeit, da tun Sie mir aber leid.»

«Ist doch gar nicht schlimm, die zehn Tage gehen auch vorbei.»

Des jungen Fallschirmsoldaten erster Sprung aus dem Flugzeug ist fällig. Sanft verängstigt fragt er den mitfliegenden Leutnant: «Kann bei diesem Absprung wirklich nichts passieren?»

«Überhaupt nichts.»

«Und wenn sich der Fallschirm nicht öffnet?»

«Dann ziehen Sie die Leine des Notschirms.»

«Und wenn der sich auch nicht öffnet?»

«Nun ja, dann schreiben Sie halt nachher ein Umteilungsgesuch.»

99 Österreicher und ein Schweizer im Düsenflugzeug. Ein Motor fällt aus. Der Pilot bittet, Ballast abzuwerfen, auf dass die Maschine nicht abstürze. Als das nicht reicht, befiehlt der Pilot, die Sitze aus den Verankerungen zu reissen und abzuwerfen. Das Flugzeug ist noch immer gefährdet. Der Pilot ordnet an, dass auch noch der Boden aus dem Flugzeug herausgerissen werde. Und bittet die Passagiere, sich mit den Händen gut am Gepäcknetz festzuhalten.

Das Flugzeug verliert weiterhin an Höhe. Nichts zu machen: Ein Passagier muss sich opfern. Es passt natürlich keinem, alle klammern sich verzweifelt an das Gepäcknetz. Da hält sich der Schweizer ganz besonders fest am Gepäcknetz und ruft: «Ich opfere mich für Österreich!»

«Bravo!!!» krähen die 99 Österreicher und klatschen in die Hände …

Was ist das: Es fliegt geräuschlos in der Luft umher und hat 25 Hälse? – Bitte schön: Ein Segelflieger mit einem Harass Bierflaschen.

Ein amerikanischer, ein französischer und ein italienischer Pilot fachsimpeln.

Der Amerikaner: «Bei Nebel über New York lande ich nach Gefühl. Fenster auf, Arm raus, Freiheitsstatue fühlen, Arm rein, landen.»

Der Franzose: «Ist bei mir genau so. Fenster auf, Arm raus, Eiffelturm fühlen, Arm rein, landen.»

«Nun ja», meint der Pilot aus Italien, «ich hab's einfacher: Fenster auf, Arm raus, Arm rein, Armbanduhr geklaut, Neapel.»

Unter Drachenfliegern erzählt man sich: Zwei Jäger legten an und schossen. Der eine zum andern: «Was zum Teufel war denn das für ein Vogel?»

Drauf der andere: «Keine Ahnung. Aber getroffen habe ich ihn, denn er hat den Mann fallen lassen, den er in den Krallen hatte.»

«Sind Sie von allen guten Geistern verlassen, bei diesem stürmischen Wetter mit dem Fallschirm abzuspringen?»

«Ich bin doch gar nicht mit dem Fallschirm abgesprungen, sondern mit einem Campingzelt im Sturm aufgestiegen.»

Zum ersten Mal nimmt ein Flieger seine Braut auf einen

Flug mit. Alpenüberquerung. Der Braut fällt ihr Handspiegel aus dem Flugzeug. Sie schaut auf die Erde hinunter und sagt: «Schau, Schatz, dort unten liegt mein Spiegel!»

«Kleiner Irrtum, Liebes», antwortet der Flieger, «das ist der Genfersee.»

«Erinnerst du dich an das Ehepaar, das wir auf unserem Fernostflug kennengelernt haben? Diese Leute haben wir doch gebeten, uns zu besuchen ...»

«Ja, ich weiss ...»

«Und jetzt stell dir vor, diese Dummköpfe kommen tatsächlich!»

Die soeben eingestiegenen Flugpassagiere sind mit dem Unterbringen von Handgepäck und Mänteln beschäftigt. Mühsam bahnt sich eine Hostess einen Weg durch den Mittelgang und seufzt: «Ich komme mir vor wie ein stromaufwärts schwimmender Lachs.»

Worauf ein Fluggast freundlich fragt: «Fräulein, darf ich annehmen, dass Sie wissen, warum die Lachse stromaufwärts schwimmen?»

In Amerika ist ein neues Flugzeug gebaut worden. Der Pilot stellt die Verbindung mit der Erde her. «Wie schnell fliege ich?» will er wissen.

«5000 Kilometer in der Stunde», lautet die Antwort in französischer Sprache.

«Was? 5000 Kilometer? Wissen Sie das auch ganz genau?»

«Ganz bestimmt», lautet die Antwort, diesmal in russischer Sprache.

«Ach, mein Gott!» stöhnt der Pilot.

«Ja, mein Sohn?» sagt eine milde Stimme ganz in seiner Nähe.

In der Sowjetunion fragt einer: «Was bringt mir der Fünfjahresplan?»

Der Gefragte: «Nun, im ersten Jahr ein Paar Schuhe, im

zweiten ein Velo, im dritten ein Motorrad, im vierten ein Auto und im fünften ein Flugzeug.»

«Schön, aber was soll ich als einfacher Arbeiter mit einem Flugzeug?»

«Mit einem Flugzeug wirst du erster in der Schlange sein, wenn es in Nowgorod Margarine zu kaufen gibt.»

Der ältere Herr im Reisebüro ist nicht von der Überzeugung abzubringen, Fliegen sei eine riskante Sache. Bis einer der Angestellten ihm erklärt: «Überlegen Sie doch, lieber Herr: Wenn unser Reisebüro nicht von der Flugsicherheit voll überzeugt wäre, würde es von Ihnen Barzahlung fürs Ticket verlangen statt Werbung für ‹fly now, pay later› machen.»

«Mein Mann ist der reinste Astronaut.»

«Ach was! Interessiert er sich für Weltraumflüge?»

«Nein, aber er verbringt seine Freizeit Abend für Abend in der ‹Sonne› und im ‹Sternen›.»

In Rumänien wurden Anfang der siebziger Jahre leitende Funktionäre dialektisch geschult, um dem einfachen Mann klarzumachen, welchen Fortschritt im Lebensstandard die Entwicklung im Lande bedeutet. Das Wachstum der Wirtschaft müsse an praktischen Beispielen gezeigt werden. Ein Förster sollte es beispielsweise mit den Jahrringen der Bäume vergleichen, den Donauschiffern müsste man erklären, wie der mächtige Strom sich aus vielen kleinen Zuflüssen gebildet hätte.

«Also», meldet sich ein Mann, «ich wohne beim Flugplatz. Ich werde meinen Freunden einfach sagen, der Lebensstandard ist wie ein Flugzeug, das aufsteigt. Es geht höher und höher und wird kleiner und kleiner.»

Während der Hundstage geboren: «Hör gut zu, es ist aussen grün und innen weiss und fliegt durch die …»

«Stop, ein uralter Scherz! Das ist ein Blumenkohl an einer Schnur unter einem Flugzeug in der Luft!»

«Richtig! Jetzt aber: Es ist aussen gelb und innen gelb und fliegt ebenfalls durch die Luft.»

«Keine Ahnung.»

«Das ist der gleiche Blumenkohl, aber drei Wochen später.»

Die Hostess zum Priester: «Nehmen Hochwürden auch einen Whisky?»

Hochwürden: «Aber gern, mein Kind.»

Als die Hostess mit dem Whisky zurückkommt, fragt der Priester: «Übrigens, wie hoch fliegen wir?»

«In ungefähr zehntausend Meter Höhe.»

Der Priester: «Du liebe Zeit, nehmen Sie den Whisky wieder mit, wir sind zu nahe beim Chef!»

Im Flugzeug unterwegs. Eine Frau macht einen Teil des Oberkörpers frei und gibt ihrem Säugling die Brust. Und ihr Gatte sagt zu einem Mitpassagier, der neugierig herüberschaut: «Auftanken in der Luft!»

Ein Mann hat die Pilotenprüfung bestanden. Sein Freund erkundigt sich: «Sag einmal, wie ist es dabei zugegangen?»

«Das ist ganz einfach. Fliegst du, fliegst nicht – fliegst du nicht, dann fliegst.»

Während des Krieges ist es einem Flieger verleidet, immer wieder durch einen Alarm geweckt zu werden, ohne dass seine Staffel aufsteigen muss. Da fällt ihm etwas Geniales ein. Er zieht seine Offiziersuniform einem Gorilla an und dressiert ihn dazu, bei Alarm zum Flugzeug zu laufen und zu warten, bis der Alarm vorüber ist. Alles klappt tipptopp. Aber einmal muss die Staffel wirklich aufsteigen.

Dazu der Flieger hinterher: «Dass man mich hinausgeworfen hat, habe ich noch einigermassen verdaut. Aber dass der Gorilla heute Brigadegeneral ist …»

Ein Ölscheich zum andern: «Mir unbegreiflich, dass du Angst vor dem Fliegen hast. Wenn Allah dich sucht, weil du sterben sollst, findet er dich doch überall.»

«Das ist richtig. Was aber ist, wenn ich im Flugzeug sitze, und Allah sucht gerade den Piloten?»

✦

Der Flugkapitän einer DC-10 wird zu Hause von einem Freund beim Geschirrwaschen überrascht. Und erklärt ihm: «Es ist ganz einfach so, dass ich seinerzeit mit einer Flughostess anbändelte. Dann wurde sie meine Frau. Und jetzt bin ich ihr Steward.»

✦

Partygast zum Flugkapitän: «Sie haben die ganze Welt gesehen. Wo gefällt's Ihnen am besten? Thailand oder Karibik, New York oder Bombay …?»

«In Maur am zürcherischen Greifensee.»

Partygast verblüfft: «Und warum das?»

Der renommierte Flugkapitän: «Weil ich dort in Ruhe fischen kann.»

✦

Nach dem Besuch von Papst Johannes Paul II in der Schweiz, 1984, zirkulierte an helvetischen Stammtischen die Scherzfrage: «Weiss jemand, warum der Papst nach der Landung den Boden küsst?» Und die Antwort: «Wer's nicht errät, ist noch nie mit Alitalia geflogen.»

✦

Die Hostess stolpert und schüttet einem Flugpassagier die Suppe über den Nacken.

Der Mann reagiert seelenruhig und ironisch: «Bravo, wenigstens einmal eine Suppe, die heiss ist, an Bord.»

✦

Gängige Antwort der Piloten bei Nachtflügen auf die Frage, wie sie im Dunkeln den richtigen Kurs halten können: «Ganz einfach. Wenn Sie aus dem Fenster schauen, sehen Sie vorne links ein grünes und vorne rechts ein rotes Licht. Ich muss ledig-

lich dafür besorgt sein, dass ich immer schön in der Mitte zwischen diesen zwei Lichtern fliege.»

✦

Die Hostess mit der prachtvollen Oberweite à la Jayne Mansfield, Marilyn Monroe und Gina Lollobrigida öffnet die Tür zum Cockpit und fragt: «Coffee or tea?»

Der Captain, genüsslich die geteilte Oberweite betrachtend: «Which one is tea?»

✦

Wunibald Mittelschlau fliegt nach den USA. Plötzlich fallen die Triebwerke aus. Wunibald selig: «Herrlich, diese Ruhe!»

✦

Ein Passagier fliegt erstmals mit einem Jumbo und ersucht ängstlich die Hostess, ihm bei Start und Landung das Händchen zu halten. Es klappt. Auf dem Rückflug bittet er um die gleiche Gefälligkeit. Aber die Hostess bedauert: «Heute geht's nicht. Ich muss ins Cockpit zum Händchenhalten. Wir haben nämlich einen neuen Captain, und der hat auch Angst.»

Dazu gibt es eine Variante: Eine betagte Passagierin, offensichtlich auf ihrem ersten Flug. Der Steward sah sie mit unsicherem Gang einsteigen, beschliesst, sich um sie zu kümmern, hält ihr, damit sie sich geborgen fühle, beim Start das Händchen. Gegen Ende des Fluges winkt sie ihn zu sich und sagt: «Junger Mann, wenn Sie beim Landen auch Angst haben, dürfen Sie selbstverständlich wieder zu mir kommen und meine Hand halten.»

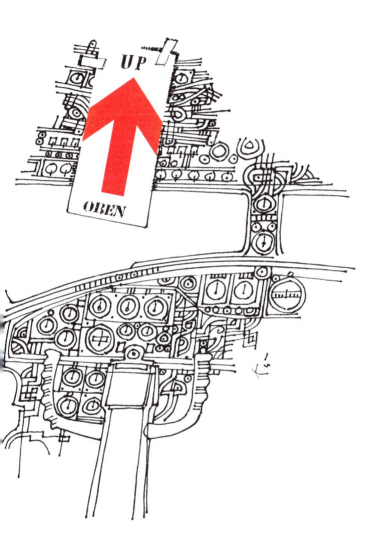

Was heisst Swissair?

1982 gab es bei der Lufthansa böses Blut wegen eines Aufklebers mit dem Wort «Lusthansa». Um 1983 stellte die Zeitschrift «Bravo» in Wort und Bild auch das moderne Orchesterquintett «Lusthansa» vor, bei deren Auftritt zu dröhnendem Synthesizer-Fluglärm die Sängerin Jutta Herta Margot Pardeike, 24, die Fans zum Lusthansa-Konzert einlud: «Meine Damen und Herren, wir begrüssen Sie an Bord der Lusthansa. Wir bitten Sie, sich anzuschnallen und das Rauchen einzustellen. Wir heben sofort ab.»

Scherze mit Namen von Fluggesellschaften sind im übrigen gerade auch unter Airlinern sehr gängig. So sollen die Buchstaben der skandinavischen Fluggesellschaft SAS bedeuten: «Sex after service» oder «Sex and satisfaction». Das Kürzel AUA für die österreichische Fluggesellschaft: «Aussteigen, Umsteigen, Autobus.» Oder: «Armleuchter unter anderem.» Sowie: «Another useless airline.»

Die niederländische KLM, mit Seitenblick auf Prinz Bernhard und angeblich von ihm entgegengenommene Schmiergelder: «Kauft Lockheed, Majestät!» Aber auch: «Keine Lust mehr.» Sowie: «Keiner lebt mehr.» Die israelische El Al: «Every landing always late.» Und auch: «Entführer landen als Leichen.» Für die portugiesische Fluggesellschaft TAP: «Take another plane!» Ähnlich für die BOAC: «Better on a camel!» Auch: «Better operation after christmas.»

Und von wegen SABENA: «Such a bloody experience never again!» Deutsch: Nie wieder eine solch lausige Erfahrung! Pakistans PIA: «Please inform Allah!» Oder: «Perhaps I arrive (vielleicht komme ich an).»

Den Papst, der auf Reisen ALITALIA fliegt, müsste man fragen, ob diese Deutung zutrifft: «Always late in take-off and late in arrival.» Also: Immer zu spät, ob Abflug oder Ankunft. AIR FRANCE hingegen soll stehen für: «All intelligents restrain from relieving Air-france's nasty Concorde-experiment.» Ungefähr: Intelligente meiden die schreckliche Concorde der Air France.

Es fehlt noch BEA: «British empty (leere) Airways.» Sowie: «Behind every Airline.» Und CONDOR: «Company of Neckermann, delay on request.» Dann AVIANCA: «Always violent and never crash again.» Also: Immer turbulent und nie wieder Absturz. Chiles LAN wäre dann: «Liebe am Nachmittag.» Und HAPAG LLOYD einfach: «Hapag late», also verspätet. OLYMPIC war, als noch in Onassis' Besitz: «Onassis likes your money paid in cash (Onassis mag dein Geld bar).»

PANAM endlich wird gedeutet als: «Passengers are not allowed mating (sich zu paaren).» Ferner: «Pilots are not all-ways mis(s)guided (Piloten sind nicht immer mis(s)geleitet).» QANTAS schliesst sich so an: «Quite a nice trip, any survivors (Überlebende)?» Und TWA: «Three walkies across (nämlich drei Funksprechgeräte durcheinander)» und «Try walk across (Versuch's lieber mit Laufen!)» sowie «Terrific women abroad (Prachtsfrauen in der Ferne)». Indische AI: «Allah informed».

LUFTHANSA wäre mild: «Let us find (gebräuchlicher: fuck) the hostess as no steward available (Lasst uns die Hostess finden, wenn kein Steward verfügbar).» SWISSAIR abschliessend, nicht ganz überzeugend: «So wie jetzt schuften Sie auch im Ruhestand.» Ausserdem existiert noch sehr Unanständiges, bitte selber in Flughäfen nachfragen!

Übrigens: «sud», nämlich «streched upper deck», hiess bis vor kurzem die offizielle Bezeichnung der Boeing 747 mit gestrecktem Oberdeck. Dann fand man heraus, dass das Kürzel «sud» auch in der Medizin gebräuchlich ist. Es bedeutet «sudden unexplained death». Also: «Plötzlicher unerklärlicher Tod.» Drum: Gestrichen.

Zuviel All ist ungesund

Am 4. Oktober 1957 kreiste Russlands erster Sputnik oder Erdsatellit. Amerika kam zu spät: Spätnik statt Sputnik. Rasch entstanden umgangssprachliche Bedeutungen. Manche Mädchen sprachen nicht mehr von ihrem Freund, sondern von ihrem Sputnik. Wer «sputnikte», unterhielt enge Beziehungen zu einem Mädchen. Sputnik im Sinn von Gefährte, Kamerad war kein Zufall, sondern entsprach ungefähr der russischen Bedeutung des Wortes, nämlich «Weggenosse, Reisegefährte». Und während man vorher in Zürich gesagt hatte «Ich mues es Puurehuus wiiters», wenn man sich verabschieden wollte, hiess es schon wenige Tage nach dem Sputnik-Spuk: «Ich mues go luege, ob min Satellit no kreist.»

Nach dem Erfolg des Sputniks: Die USA hatten das Rennen verloren, und bissig kommentierte einer: «Russland ist im Begriff, die Rückseite des Mondes zu photographieren, wir Amerikaner aber begnügen uns offenbar damit, die Rückseite von Jayne Mansfield zu photographieren.» Jayne gehörte, wie Marilyn Monroe, zu Amerikas üppig gekurvten Filmblondinen.

Frage: Aus welchen Bestandteilen bestand der Sputnik?
Antwort: Aus deutscher Technik, tschechischem Uran und einem sowjetischen Hund.

Nach dem Gelingen des Sputnik-Versuchs trifft in Moskau ein Telegramm aus der Volksrepublik Albanien ein: «Gratulieren zum Erfolg. Jetzt ist Albanien nicht mehr der kleinste Satellit.»

1958. Ein polnischer Spezialist kehrt aus der Sowjetunion in seine Heimat zurück. Erzählt von den grandiosen Erfolgen der Russen in der Weltraumfahrt. Und erklärt: «Natürlich haben es die Amerikaner mit dem Start einer Weltraumrakete viel schwerer als die Russen. Was meint ihr, liebe Genossen, um wieviel weniger Anziehungskraft die Erde in der Sowjetunion hat!»

✈

Aus der Sputnik-Epoche: In einer Grossversammlung auf dem Lande in der DDR tönte ein referierender Funktionär: «Bald werden die Sowjets zum Mond fliegen.»

Darauf eine Stimme aus dem Hintergrund hoffnungsvoll: «Alle?»

✈

Scherzmeldung nach dem Sputnik-Erfolg: «Sputnik über Mitteldeutschland abgestürzt, da mit dem hohen Lebensstandard der DDR zusammengestossen.»

✈

Ein dressierter Schimpanse kreist im amerikanischen Satelliten und lässt, über Funk vernehmbar, immer dann einen Wecker klingeln, wenn der Satellit über Amerika fliegt. Eine Zeitlang funktioniert's tadellos. Plötzlich aber fehlt das Klingeln des Weckers. Dafür funkt der Schimpanse zur Erde: «Sputnik vorbeigekommen, meinen Wecker geklaut.»

✈

Der Unterschied zwischen einem Sputnik und einem Kolchosbauern? Es gibt keinen Unterschied: Beide machen einen weiten Bogen um die Erde.

✈

Sputnik-Raumfahrt einerseits, niedriger Lebensstandard in der Sowjetunion anderseits animierten Schmunzelbolde zum Vers: «Keine Bretter für die Laube, / für Maschinen keine Schraube, / für das Scheisshaus kein Papier, / aber: *Sputnik* haben wir.»

✈

Sputnik fliegt im Weltraum. Ein Ostberliner Bub zu einem Westberliner Knirps: «Ätsch, wir haben halt einen Sputnik, und ihr habt keinen!»

Drauf der Kleine aus dem Westen: «Ätsch, wir haben Nähseide, und ihr habt keine!»

Wozu der Vers aus der Sowjetzone passt: «Wir brauchen keinen Sputnik, / wir brauchen keinen Stern, / wir brauchen nur ein kleines, / ein kleines Röllchen Zwern.»

Um 1958. Weit oben im Weltraum treffen einander auf ihrem Flug ein russischer und ein amerikanischer Sputnik. Wenn man sich unten auf der Erde auch manchmal in den Haaren liegt, da droben in der grenzenlosen Einsamkeit freut man sich doch. «Sdrastwejtje, Sputnik!» ruft der russische dem amerikanischen Satelliten zu.

«Hello!» ruft der Amerikaner zurück, zögert ein wenig und fährt dann fort: «Ich glaube, wir können ruhig deutsch reden. Hier hört uns ja niemand!»

Ein Weltraumaffe beklagt sich bei einem Schimpansen, der nichts mit dem Flugwesen zu tun hat, über die Strapazen: Hinausgeschleudert werden zwecks Sammeln von Erfahrung auf dem Gebiet der Schwerelosigkeit, Wiedereintreten in die Erdatmosphäre und schliesslich aus dem Meer gefischt werden.

Der zuhörende Schimpanse: «Häng doch deine Astronauten-Karriere an den Nagel!»

Darauf der Weltraumaffe entrüstet: «Bist du wahnsinnig, und dann zurück in die Krebsforschung?»

Spass muss sein. Allan Sheppard zwängte sich am 5. Mai 1961 in die Raumkapsel der Redstone-Rakete und entdeckte an der Wand einen von John Glenn geschriebenen Zettel mit der Mitteilung: «Hier ist Handballspielen verboten.»

Die «Washington Post» fragte Wernher von Braun (1912–1977), den Chefplaner der amerikanischen Raumfahrtbehörde, was er für die Feiern zum 200jährigen Bestehen der Vereinigten Staaten vorschlage. Drauf Wernher von

Braun: «Man könnte zu diesem Anlass den amerikanischen Präsidenten in ein die Erde umkreisendes Weltraumlaboratorium bringen und sehen, wie es sich von da oben regiert.»

Wernher von Braun, nach dem Zweiten Weltkrieg mit seinen Mitarbeitern in amerikanischen Diensten, sagte über seine Aufgabe: «Die beiden schwierigsten Probleme bei der Entwicklung einer Weltraumrakete sind die Schwerkraft und der Papierkrieg. Die Probleme der Schwerkraft haben wir gelöst.»

Wernher von Braun liess sich während eines Ferienaufenthalts einen Bart wachsen. Später aber erschien der Chefplaner der amerikanischen Raumfahrtbehörde vor dem Haushaltsausschuss des Repräsentantenhauses glattrasiert. Und erklärte: «Angesichts des zusammengestrichenen NASA-Budgets möchte ich nicht den Anschein erwecken, ich trage einen Bart ‹als Zeichen des Protests›.»

John Glenn, der erste amerikanische Erdumkreiser, wendete sich der Politik zu und wurde in Ohio Senator. Als Kandidat hatte er die Anwesenden an einer Wahlversammlung scherzend wissen lassen: «Ich bin ganz besonders für das Amt eines Senators prädestiniert, denn ich habe schliesslich auf Kosten der Steuerzahler die Erde dreimal umkreist.»

✦

Der Publikumserfolg Prominenter wird in Amerika unter anderem anhand der Papierabfälle gemessen, die beim Triumphzug etwa durch New York auf den Strassen liegenbleiben. Charles Lindbergh brachte es nach der Ozeanüberquerung auf 1,75 Tonnen Konfetti. Raumfahrer Glenn aber stellte ihn mit 3,38 Tonnen Papier glatt in den Schatten.

✦

1962. Bericht aus Amerika: Jack Carter war Oberst John Glenn vorgestellt worden, und als er am nächsten Tag seine alte Tante im Altersheim besuchte, erzählte er ihr die Neuigkeit. «Wer ist das?» wollte die alte Dame wissen. «Der Astronaut», erklärte Carter weiter. «Was ist das, ein Astronaut?» ging es weiter. «Ein Astronaut ... ein Astronaut», versuchte der Neffe zu erklären, «weisst du, Tante, er ist dreimal um die Welt geflogen ...»

«Ach weisst du, Jack», reagierte die alte Frau unbeeindruckt, «wenn einer Geld hat, kann er reisen.»

Titow, der Astronaut, traf in den USA mit Glenn, dem amerikanischen Weltraumfahrer zusammen. «Da oben habe ich weder Gott noch Engel gesehen», meinte Titow.

Glenn entgegnete gelassen: «Der Gott, zu dem ich bete, ist nicht so klein, dass ich erwartet hätte, ihn dort anzutreffen.»

Jurij Gagarin (1934–1968), der erste sowjetische Kosmonaut, ist aus dem All zurück. «Jurij», fragt ihn sein Grossvater, der Kolchosbauer, «du bist so enorm viel gereist. Vielleicht weisst *du,* wo ich für meine Petroleumlampe einen Docht bekommen kann?»

Hermann Jacobi erzählt: Eine Moskauer Familie bekommt Besuch aus der Provinz. Zu Hause ist nur der kleine Wasil. Der Onkel fragt: «Wo ist denn der Papa?» – «Der macht gerade eine Erdumkreisung. Er ist aber bestimmt in einer halben Stunde zurück.» – «Und wo ist dein älterer Bruder?» – «Der hat einen Sprung auf den Mond gemacht. Er kommt aber auch bald zurück. Vielleicht in zwei Stunden.» – «Und die Mama?» – «Die kommt erst später. Sie ging Kartoffeln einkaufen.»

Flüsterwitz 1961 aus Ungarn: «Aus welchem Material war Major Gagarins Raumschiff, damit es beim Eintritt in die Atmosphäre nicht verbrannte?» – Antwort: «Aus ungarischer Kohle.»

Immer und immer wieder erscheint der Held Gagarin im Fernsehbild. «Wie ich ihn beneide!» murmelt da eine Russin aus dem Volk, dem es bald an diesem, bald an jenem Gebrauchsartikel gebricht.

Ihre Genossin: «Etwa wegen der goldenen Verdienstorden?»

«Nein, wegen der Sicherheitsnadeln, mit denen sie befestigt sind.»

1963. Der Autor George Jessel kam im New Yorker Flughafen an und beklagte sich: «Während ich in Idlewild auf mein Gepäck wartete, ist Gordon Cooper zweimal um die Erde geflogen ...»

In einer Halle des Cape-Kennedy-Geländes warnte ein Schild in den sechziger Jahren: «Wenn Sie rauchen müssen, bitten wir Sie, den Raum durch das Loch in der Decke zu verlassen, das sich in dem Augenblick bilden wird, wenn Sie Ihre Zigarette anzünden.»

Der Theaterautor Arthur Miller 1966 am Radio: «Wenn die Amerikaner nur halb soviel Interesse für die ferngelenkten Mondraketen gezeigt hätten wie für den Brustumfang ihrer Damen, könnten sie heute schon auf dem Mond heisse Würstchen verkaufen.»

Ein Konfektionsgeschäft in Chicago, das auch Übergrössen für beleibte Herren führt, kündigte 1966 an: «Unsere Spezialität: Raumanzüge.»

Als «Spiegelbild unserer Zeit» bezeichnete der französische Psychiater Guimaret 1966 die Tatsache, dass sich immer weniger an Grössenwahn erkrankte Menschen für Napoleon und immer mehr für berühmte Astronauten halten.

Die ersten zwei Passagiere einer sowjetischen Rakete landen auf dem Mond und werden dort von einigen Amerikanern begrüsst. Sie zeigen sich aber weder enttäuscht noch erstaunt, dass ihnen andere zuvorgekommen sind. Auf verwunderte Fragen der Amerikaner erwidert einer der Russen: «Warum sollten wir überrascht sein? Dass Amerikaner auf dem Mond leben, wissen wir seit Jalta.»

✈

Ein beruflich in der halben Welt herumreisender Geschäftsmann zu einem Kollegen: «Also, einen Vorteil haben die Astronauten uns gegenüber: sie müssen ihren Frauen von den Reisen keine Geschenke heimbringen.»

✈

Robert Lembke definiert das «Raumschiff» als: Gerät zur Erforschung des Fernstliegenden für eine Generation, die nicht in der Lage ist, das Nächstliegende wahrzunehmen.

✈

Ein Russe fragt Radio Eriwan an: «Warum bauen wir Weltraumschiffe, wobei es nicht einmal Klingeln fürs Velo zu kaufen gibt?»
Radio Eriwan fragt zurück: «Wie kommen Sie zu einem Velo?»

✈

Während der Vorbereitungen zum ersten Mondflug hübsch gefragt: «Warum wollen die Menschen auf den Mond fliegen, da sie doch im Begriffe sind, die Erde in eine Mondlandschaft zu verwandeln?»

✈

Kurz vor der Landung auf dem Mond meldet das US-Raumschiff: «Die Russen sind da und streichen den Mond rot an. Was sollen wir tun?»
Die Bodenstation meldet zurück: «Nehmt weisse Farbe und schreibt ganz gross Coca-Cola drauf!»

✈

Warum landeten die Amerikaner als erste auf dem Mond?

– Ihr Forscherteam bestand aus tüchtigeren Deutschen als das russische.

Als Astronaut Neil Armstrong zusammen mit Edward Aldrin und Michael Collins gestartet war und am 21. Juli 1969 um 02.56 Uhr MEZ als erster Mensch den Mond betrat, tat er dies mit dem Satz: «Das ist ein kleiner Schritt für mich, aber ein grosser Schritt für die Menschheit.»

Freilich, so wie man die Menschheit kennt, dürfte es sich unter dem Strich auch bei diesem Schritt um einen Schritt Richtung Abgrund gehandelt haben.

Der Verkehrsdirektor von New Orleans berichtet, so «Reader's Digest», seinerzeit: «Zu Ehren der soeben von der ersten Mondlandung zurückgekehrten Astronauten wurde im September 1969 in New Orleans ein Mike-Collins-Tag gefeiert. Eine Wagenkolonne holte Mike Collins vom Flughafen ab. Ich sass neben Collins im Wagen. Da passierte eine Panne. Das Führungsmotorrad der Polizei-Eskorte bog falsch ein, und wir eskortierten den Mondfahrer geradeswegs über den riesigen, dampfenden und stinkenden Schuttablageplatz der Stadt. Als wir Collins am Abend wieder zum Flugzeug brachten, entschuldigte ich mich nochmals. Er erwiderte lächelnd: ‹Aber das macht doch nichts. Einen Tag auf dem Mond und den nächsten auf der Schuttablage – das macht bescheiden.›»

Selbstverständlich gibt es noch Ehemänner, die auf Dienstreisen ihren Frauen treu sind. Astronauten zum Beispiel.

Scherzfrage nach dem ersten Mondflug: «Gilt der wissenschaftliche Kommunismus auch für den Mond?»

Antwort: «Nur!»

Kosmonauten entdecken auf einem sogenannten Mondspaziergang ein Schild mit der Aufschrift «Amt für Flüchtlingsfragen». Da brummt einer: «Aha, die Schweizer sind auch schon da!»

✦

Nach der ersten Mondlandung hing an einer New Yorker Kirche ein Plakat: «Hier können Sie lernen, höher zu fliegen als bis zum Mond. Kostenlose Flugstunden jeden Sonntagmorgen.»

✦

Im Lauf der Zeit: Da kamen zuerst die Bundesbahnen mit dem Slogan: «Reise weise!» Danach kam eine helvetische Gaststätte mit dem Motto: «Speise weise!» Und endlich kam einer und legte den Weltraumfahrern ans Herz: «Kreise weise!»

✦

Nach dem ersten Mondflug sagte der Schriftsteller Günter Grass: «Zum erstenmal hat ein Mensch seinen kleinbürgerlichen Fuss auf den Mond gesetzt.»

Und der Kollege Alberto Moravia behauptete: «Kein Dichter wird mehr vom Mond sprechen.»

✦

Der Bub stochert unlustig im Essen herum. Die Mutter: «Iss jetzt endlich den feinen Spinat und das Spiegelei!» Der Bub verzieht das Gesicht. «Bub», schaltet sich der Vater ein, «das ist genau das gleiche Essen, wie es die Astronauten in der Kapsel haben.»

Und der Bub isst plötzlich tapfer.

✦

Um 1969 erfuhr man, dass in der Sowjetunion selbst ernsthafte Wissenschaftler Vorzeitspekulationen à la Erich von Däniken («Erinnerungen an die Zukunft») aufstellen. So Wjatscheslaw Saitsew, Mitglied der weissrussischen Akademie der Wissenschaften. Seine Version: «Jesus Christus kam aus der hochentwickelten Zivilisation eines fernen Planeten auf die Erde, um dort die soziale Ungerechtigkeit und Unterdrückung zu beenden. Der Stern von Bethlehem war nichts anderes gewesen als die Rakete, mit der der kosmische Gesandte zur Erde flog. Gegen den Tod durch Kreuzigung war Jesus selbstverständlich immun, weshalb er mit dem Versprechen einer einstigen Wiederkehr zurück ins All startete.»

Astronaut John Swigert hatte vor dem Start von Apollo 13 vergessen, die Steuererklärung auszufüllen und so den Termin verpasst. Kaum hatte er nach dem lebensgefährlichen Flug wieder festen Boden unter den Füssen, drückte man ihm das Steuerformular in die Hände. Die Erde hatte ihn wieder!

Angebliche Meldung von Astronauten an die NASA: «Milchstrasse passiert – alles in Butter.»

Unterwegs zu einem Planeten bemerken Kosmonauten, dass sämtliche Apparaturen versagen. «Du lieber Gott!» stöhnt einer von ihnen. Worauf sich eine freundliche Stimme meldet: «Ja, was ist los?»

Ein Wissenschaftler gehört zur Equipe eines Raumflugexperimentes, das in aller Stille durchgeführt werden soll. Die Anweisungen für jeden einzelnen Teilnehmer werden versiegelt ausgehändigt und dürfen erst nach Eintritt in die Umlaufbahn geöffnet werden.

Knapp vor dem Start erfährt der Wissenschaftler, dass die Equipe nur aus ihm und einem Schimpansen besteht. Der Affe reisst sofort nach Erreichen der Umlaufbahn seine Enveloppe auf, studiert die Weisungen, beginnt zu hebeln und Knöpfe zu drehen und Messinstrumente abzulesen. Der Wissenschaftler fragt sich beeindruckt, ob ihm wohl auch soviel Kompliziertes und Zeitraubendes blühe. Er öffnet sein Couvert und liest auf einem Zettel nur einen einzigen Satz: «Bitte nicht vergessen, den Schimpansen zu füttern!»

Anno 1976: Bei einer Vorführung von Aufnahmen vom

Mars im Royal Air Force Club in London bemerkte ein Zuschauer: «Wenn man sich diese Öde ansieht, beschleicht einen das unbestimmte Gefühl, dass doch schon Menschen da oben waren.»

✈

Auf Cape Canaveral trifft das Bewerbungsschreiben einer Frau ein: «Ich möchte mich bei Ihnen zum Weltraumflug ausbilden lassen. Ich wiege 86 Pfund und spiele hervorragend Harfe.»

✈

Einer behauptet: «Kosmonauten werden vor dem Einsatz eine Zeitlang in Beamtenbüros beschäftigt, damit sie auf die Ruhe im Weltall vorbereitet sind.»

✈

«Jetzt wirst du bald Onkel», sagt die grosse Schwester strahlend zum kleinen Bruder.
Enttäuscht erwidert er: «Ich wäre aber viel lieber Astronaut geworden.»

✈

Altes Sprichwort: Allzuviel ist ungesund. Der Astronaut aber sagte: «Zuviel All ist ungesund» und kehrte zur Erde zurück.

✈

Richard H. Truly legte mit der ersten Raumfähre (= Space shuttle) «Columbia» erdumrundend 1,4 Millionen Kilometer zurück, musterte anschliessend das Gefährt und sagte begeistert: «Ich wäre glücklich, je ein Occasionsauto in solch einem blendenden Zustand kaufen zu können.»

✈

Ein amerikanischer, ein russischer und ein polnischer Astronaut kommen nach vierwöchigem gemeinsamem Mondbesuch zur Erde zurück. Der US-Astronaut wird vom US-Präses im Weissen Haus empfangen und bekommt einen Scheck von über 200 000 Dollar.

Der russische Astronaut wird im Kreml empfangen und erhält den Leninorden, einen Gutschein für den Kauf eines Gebrauchtautos und die Zusicherung, man werde ihm eine kleine Datscha in der Nähe der Hauptstadt zuteilen.

Der polnische Astronaut endlich wird mit einiger Verspätung vom Parteichef vorgeladen und von diesem gefragt: «Also, was deine vier Wochen auf dem Mond anbelangt: Soll man sie dir von deinem Lohn abziehen, oder soll man sie von deinem Ferienguthaben abrechnen?»

Frage an Radio Eriwan: «Sind nicht doch die Russen vor den Amerikanern die ersten gewesen, die die Rückseite des Mondes sahen?»

Antwort: «Im Prinzip ja, dank unseren Wirtschaftsplanern. Sie befinden sich seit Jahrzehnten dort.»

Oskar Reck schrieb 1973: «Davon, dass die Mondflüge die menschheitliche Zusammengehörigkeit gefördert und den Horizont der Erdbewohner heilsam erweitert hätten, ist bisher gewiss nicht zu reden – vielmehr vom Verlöschen einer Sensation. Die Flüge zum nächsten Stern haben manches eingebracht, Prestige, Ruhm und Erkenntnisse, nur das eine nicht: die Sternstunde.»

«Je weiter», notierte einer vor Zeiten, «die Spaziergänge im All führen, desto geringer wird die Chance der Schweiz, ihren Rückstand in der Weltraumforschung je aufzuholen. Und warum? Weil man sich über das Ausgangstenue der Astronauten doch nie einigen könnte.»

Am 29. November 1984 ist, so die Presse, «eine gefeierte Pionierin der amerikanischen Raumfahrt» gestorben: das Totenkopfäffchen «Miss Baker», das nach seinem viertelstündigen Pionierflug in den Weltraum im Jahre 1959 gesund zur Erde zurückkehrte. «Miss Baker» erlebte, anders als

«Abel», der kurz nach dem Flug im Mai 1959 starb, «alle Höhen eines Star-Lebens». Sie wurde im Weissen Haus empfangen, erschien auf der Titelseite von «Life», wurde täglich von Besucherscharen bewundert und erhielt waschkörbeweise Post. Im Raumfahrtzentrum von Huntsville (Alabama) verbrachte sie mit ihrem dritten «Ehe-Männchen» namens Norman und einer Spielzeugente ihre letzten Jahre. Die aus dem peruanischen Urwald stammende «Miss Baker» wurde 27 Jahre alt, was für ein Totenkopfäffchen ein geradezu «biblisches» Alter ist.

Schulausflug

Splitter und Notizen

Wandspruch in einem amerikanischen Flugzeugwerk: «Berechnungen unserer Ingenieure haben ergeben, dass die Hummel nicht fliegen kann. Aber die Hummel weiss das nicht und fliegt doch.»

Ein Wort von Helmut Qualtinger: «Seitdem es Flugzeuge gibt, sind die entfernten Verwandten auch nicht mehr das, was sie einst waren.»

Ein Hinweis von Geoffrey Willans: «Die Zollbehörden sind immer mit uns und brüsten sich gegenwärtig damit, dass, als Blériot nach seinem Flug über den Ärmelkanal in Grossbritannien landete, ein Zolloffizier auf einem Gaul angeprescht kam und fragte, ob er etwas zu verzollen habe.»

Gängiger Fliegerspruch, an Friedrich Schiller angelehnt: «Es kann der Frömmste nicht in Frieden fliegen, wenn es dem bösen Motor nicht gefällt.»

Die «Süddeutsche Zeitung» 1984 über den jüngsten Flug des Raumtransporters «Challenger»: «Erstmals werden sieben Menschen, zwei Frauen und ein Kanadier an Bord eines Raumfahrzeuges sein.»

In einem bösen Augenblick notiert: «Für den Fluglotsen ist der Himmel beinahe schon die Hölle.»

Behauptung eines Skeptikers: «Wenn eine Frau ihren Mann auf den Flugplatz begleitet, will sie möglicherweise nur wissen, ob er wirklich abfliegt.»

Eine Mitteilung von Flugkapitän Rudolf Braunburg in seinem Buch «Alle meine Flüge»: «Das Letzte, was Kapitäne mögen, ist, wenn ihre simple Routinearbeit von den Passagieren schwärmerisch bewundert wird. Das Allerletzte, was Kapitäne mögen, ist, wenn ihre simple Routinearbeit von den Passagieren *nicht* schwärmerisch bewundert wird.»

Aldous Huxley schrieb: «Kannst du auf dem Wasser gehen? Dann hast du nicht mehr geleistet als ein Strohhalm. Kannst du fliegen? Dann hast du nicht mehr geleistet als eine Fliege. Bezwinge dein Herz; dann kann vielleicht etwas aus dir werden.»

Vernebelt die Flughöhe die Urteilskraft der Männer? Einer meinte dazu: «Flughostessen werden leichter geheiratet als andere Mädchen, weil die Urteilsfähigkeit der Männer mit jedem Höhenkilometer abnimmt.»

Graham Greene behauptete: «Je leiser der Flug, desto gefährlicher der Raubvogel.»

Pilot und Flugbuchautor Rudolf Braunburg schnödet: «Stewardessen vom Typ Jayne Mansfield bilden, wenn sie das Cockpit betreten, eine akute Gefahr für die Flugsicherheit. Der männliche Organismus verfügt offenbar über ein Organ, das empfindlich auf Schaumgummi reagiert.»

Einer meinte: «Die Männer, auf die die Frauen fliegen, sind nicht diejenigen, bei denen sie landen.»

Vor Zeiten warb das Oberkommando der englischen Fallschirmjägertruppe in London an verkehrsreichen Strassenkreuzungen mit Plakaten, auf denen es hiess: «Komm zu den

Fallschirmjägern! Der Absprung aus dem Flugzeug ist nicht halb so gefährlich wie das Überqueren dieser Kreuzung.»

Der österreichische Kabarettist Werner Schneyder aus seiner sarkastischen Sicht: «Auch glücklich landende Reisegesellschaften kann man Flugkatastrophen nennen.»

Der Münchner Kolumnist Helmut Seitz notierte in der «Süddeutschen Zeitung» vom 24. November 1984: Wenn es nach dem kleinen Handgepäck vieler Herren ginge, würde es in München von Diplomaten und Piloten wimmeln. Seitz: «Die dickbäuchige und ziemlich dehnbare Aktentasche von ehedem sieht man ja eh kaum mehr — heute rennt vom Generaldirektor bis zum Schlossermeister und vom Oberstudienrat bis zum Stromableser bald jeder zweite mit einem CD-Köfferchen (flaches, schwarzes, rechteckiges, scharfkantiges Attaché-Köfferchen) herum. Und ziemlich viele andere erwecken den Anschein, als hätten sie nur schnell einmal zwischen zwei Flügen etwas am Boden zu erledigen — tragen sie doch, wo sie gehen und stehen, stets einen Pilotenkoffer bei sich. Wer jedoch weder dies noch jenes hat, der gehört dann halt zur Schar der alltäglichen Globetrotter mit der Umhängetasche am Schulterriemen.»

Frauen, sinniert einer, sind wie Fluglotsen: Wenn sie nicht mögen, kann keiner landen.

Den ersten Preis bei einem Ferienquiz in Ostende gewann ein gewisser Jean Lafargue. Auf die Frage, welches das beste Mittel gegen Seekrankheit sei, hatte er geantwortet: «Das Flugzeug.»

Der Physiker, Mathematiker, Aphoristiker und Philosoph G. Chr. Lichtenberg (1742—1799) schrieb vorausahnend:

«Wie werden einmal unsere Namen hinter den Erfindern des Fliegens und dergleichen vergessen werden!»

Einflugschneisen sind, definiert Michael Schiff, durch Wohngebiete behinderte Flugplätze.

Christian Morgenstern notierte schon 1909: «Die Luftschifffahrt wird dem religiösen Genie der Menschheit neue Nahrung geben. Zu den grossen Beförderern kosmischer Stimmungen: Wald, Meer und Wüste, wird nun noch der Luftraum kommen.»

Ein Wort von René Regenass: «Zum Glück haben wir Schweizer unsere nationale Fluggesellschaft. Sie nennt sich angesichts der Viersprachigkeit unseres Landes schlicht Swissair. Und wie das Wort besagt: immer ist heimatliche Luft mit unterwegs.»

«Erst wenn der geschmeichelte Flugpassagier», sagt Geoffrey Willans, «merkt, dass das Lächeln der Hostess nicht nur ihm, sondern im gleichen Ausmasse jedem anderen Reisenden im Flugzeug geschenkt wird, wird er sich bewusst, dass Lächeln zur Berufsausrüstung der Hostess gehört wie etwa ein Verbandskasten für Erste Hilfe.»

AUS 1000 BRAUNEN JAHREN

Ursprünglich alle fünf Jahre, dann jedes Jahr und 1984 anlässlich seines 90. Geburtstages befasste sich die Presse praktisch jeder Couleur mit dem «teuersten Gefangenen der Welt», nämlich mit Rudolf Hess, dessen Freilassung aus dem alliierten Militärgefängnis zu Spandau am Widerstand Russlands scheiterte.

Als Stellvertreter Hitlers kam Hess 1941 auf die Idee, auf eigene Faust nach England zu fliegen, die Versöhnung zwischen England und Deutschland und damit eine gemeinsame europäische Front gegen Russland in die Wege zu leiten. Die Naziregierung, peinlich berührt, teilte mit, Hess habe in geistiger Verwirrung gehandelt.

Der Volksmund witzelte: «Im KZ begegnen sich zwei Bekannte. Der eine verhaftet, weil er am 1. Mai 1941 gesagt hatte, Hess sei verrückt. Der andere, weil er (Hess flog am 10. Mai nach England) am 15. Mai gesagt hatte, Hess sei nicht verrückt.» Und Churchill soll Hess empfangen und ihn gefragt haben: «Also Sie sind der Verrückte?» Drauf Hess: «Nein, nur sein Stellvertreter.»

Und man scherzte: «Paradox ist, wenn im Dritten Reich der zweite Mann als erster abhaut.» Man bastelte eine höhnische Zusatzzeile zum britischen Wehrmachtsbericht: «Keine weiteren deutschen Minister eingeflogen.» Aus dem Text des Liedes «Wir fahren gegen Engelland» (zu Beginn des Ersten, nicht des Zweiten Weltkrieges von Hermann Löns gedichtet) machte der Volksmund: «Es singt und spielt das ganze Land: / ‹Wir fahren gegen Engelland.› / Doch wenn dann wirklich einer fährt, / dann wird er für verrückt erklärt.» Gegen Kriegsende endlich hiess es vom Alleinflieger: «Rudolf Hess war der einzige Deutsche, dem die Invasion in England gelang.»

✦

Der deutsche Pädagoge Adolf Reichwein (er wurde 1944 hingerichtet) war ein begeisterter Flieger. Als die Nazis 1933 die Verfügung erliessen, jedes Flugzeug sei mit einem Hakenkreuz zu versehen, lehnte Reichwein ab und verkaufte sein Flugzeug mit der Begründung: «Mit einem Hakenkreuz an Bord kann man in der Luft kein freier Mensch mehr sein.»

✢

Der hervorragende Kriegs- und Kunstflieger Ernst Udet antwortete auf die Ermahnung eines Nazi-Parteifunktionärs, er solle auch einmal Flugblätter der Partei in den Häusern verteilen: «Leider ausgeschlossen, denn beim Treppensteigen wird mir immer schwindlig.»

✢

Ein ehemaliger Flieger als eine der zentralen Figuren im Dritten Reich: Hermann Göring, im Ersten Weltkrieg Fliegeroffizier und letzter Kommandant des berühmten Jagdgeschwaders Richthofen gewesen; 22 Abschüsse, Ritter des Ordens «Pour le mérite». Nach dem Krieg Flieger im Ausland, 1922 Mitglied der NSDAP und Führer der SA. 1933–1945 Ministerpräsident von Preussen und Reichsminister für Luftfahrt, ab 1940 Reichsmarschall, am 23. April 1945 von Hitler aller Ämter enthoben und aus der Partei ausgeschlossen.

✢

Göring liebte Orden. Man witzelte über die neue Masseinheit «Gör». Nämlich: 1 Gör = diejenige Menge Blech, die ein Mann auf der Brust tragen kann.

Übrigens wurde der «Fette aus Dingsda» auch so geschildert: «Links Lametta, rechts Lametta, in der Mitte ganz ein Fetta.»

✢

Viel bewitzelt wurde Görings Schwäche für Uniformen. Es hiess, er lasse sich den linken Arm verkürzen, um Kaiser Wilhelms II. Uniformen tragen zu können. Und als ein böser Wasserrohrbruch im Reichsluftfahrtministerium gemeldet worden sei, habe er gerufen: «Man reiche mir meine Admiralsuniform!» 1944 höhnten die alles andere als Überernährten, Göring bummle zur Propaganda nackt «Unter den Linden», damit die Berliner endlich wieder einmal Speck und Schinken zu sehen bekämen. Indessen: «Wenn's regnet, trägt Göring darüber eine Zellophan-Uniform.»

Man munkelte, Tochter Edda sei nicht von Göring gezeugt. Vor der Niederkunft der ehemaligen Schauspielerin Emmy Göring-Sonnemann wurden, so der sogenannte Volkswitz, die geplanten Feierlichkeiten besprochen. Gefragt, was geplant sei, wenn ein Mädchen zur Welt komme, antwortete Göring: «Dann werden 100 Flieger über Berlin kreisen.» Und wenn's ein Sohn ist? Göring: «Dann werden 1000 Flieger über Berlin kreisen.» Und wenn mit der Geburt nichts sei? Göring: «Dann fliegt mein Adjutant.»

Das tausendjährige Reichsluftfahrtministerium kostete viel Geld. Drum zirkulierte ein Scherz, wonach Hitler, Goebbels und Göring eine Zirkusvorstellung besuchten und wetteten, wer von ihnen den grössten Elefanten zum Hinlegen bringen könne. Hitler und Goebbels brachten nichts zustande. Göring aber ging auf den mächtigen Elefanten zu, flüsterte ihm etwas ins Ohr. Worauf der Koloss blitzartig zusammenbrach. Und Göring auf die Frage, wie er das gemacht habe: «Ich habe ihm erzählt, was der Bau des Reichsluftfahrtministeriums gekostet hat.»

Apropos Göring. Rund um das neue Reichsluftfahrtministerium an der Ecke Wilhelmstrasse/Leipziger Strasse wurde ein breiter Rasenstreifen gezogen. Da sagten die Berliner: «Den Rasen brauchen sie, damit es nicht so klimpert, wenn das Geld zum Fenster hinausgeschmissen wird.»

Zu den Auflagen für die Schaffung eines «Volkswagens» gehörte: Er soll nicht mehr als 999 Reichsmark kosten. Ferdinand und sein Sohn Ferry Porsche schickten Konstruktionsvorschläge nach Berlin; der Preis war nur zu halten, wenn die Händlergewinne wegfielen und das Wagengewicht, zwecks Rohstoffsparens, sehr niedrig gehalten wurde. 1936 waren die ersten fünf Prototyp-Wagen fertig. Wolfsburg entstand, eine Stadt aus der Retorte. 1938 zwängte sich der schwergewichtige Reichsmarschall Göring zum ersten Mal in einen VW. Und maulte danach: «Hier wird Geld hineingesteckt, und mir fehlt der Zaster für den Flugzeugbau.»

✦

Eine von Ernst Udet (1896–1942) gezeichnete Karikatur zeigt Göring hemdsärmelig an einer Drehbank, an der er eine Menge kleiner Flugzeuge drechselt. Unter die Zeichnung schrieb Udet: «Und siehe, eh der Morgen graut, / hat er die Luftwaff ‹aufgebaut›.»

✦

Als Hermann Göring kurz vor Ausbruch des Zweiten Weltkrieges darauf aufmerksam gemacht wurde, die Schaffung einer Nachtjagdwaffe sei dringend notwendig, reagierte er wegwerfend: «Nachtjagdwaffe? Pah, dazu wird es nie kommen.»

✦

Im Verlauf des Krieges sank Görings Kredit. Er hatte immer behauptet, er würde die Deutschen vor jedem denkbaren Luftangriff schützen und wolle Meyer heissen, falls ein Flugzeug bis Berlin vordränge. Den Spitznamen «Meyer» wurde er nicht mehr los. Und wenn die Alarmsirenen ertönten, hiess es: «Auf in den Bunker, Meyers Hifthorn erschallt!»

✦

Mit der Zeit wurde klar, der Luftkrieg bewies es, dass es die immer wieder hinausposaunte «deutsche Überlegenheit» nicht mehr gab. Drum hiess es jeweils beim Ertönen der Entwarnungssirenen: «Aha, jetzt ist die deutsche Luftherrschaft wiederhergestellt.»

✦

«Über dem Reichsgebiet befindet sich kein feindliches Flugzeug mehr.» So lautete während des Zweiten Weltkrieges in Deutschland die Entwarnungsformel nach feindlichen

Einflügen. Gegen Kriegsschluss hingegen witzelten unentwegte Scherzbolde: «Unter den feindlichen Flugzeugen befindet sich kein Reichsgebiet mehr.»

Immer wieder war in der Propaganda von Vergeltung als Revanche für die feindlichen Luftangriffe die Rede. Aber das Volk glaubte nicht mehr recht daran, sondern sang: «Maikäfer, flieg, / der Vater ist im Krieg. / Den Opa ziehn sie auch noch ein, / das wird wohl die Vergeltung sein.»

Adolf Galland, General der Jagdflieger, wollte 1944 Deutschlands beste Jagdflieger zusammentrommeln und in einem Jagdverband zusammenschliessen. Gefragt, warum er für diesen Verband auf den Namen «J44» gekommen sei, antwortete er: «Erstens habe ich das Gesuch zur Bildung dieses Düsenjägerverbandes anno 44 gestellt. Zweitens bringe ich, wenn's hoch kommt, 44 Maschinen zusammen. Drittens aber sieht es eher so aus, als müsste ich mich mit 4 plus 4, also mit 8 Flugzeugen begnügen. Und viertens lässt sich heute nicht mehr leugnen, dass *ein* Führer für Deutschland nicht ausreicht. Versuchen wir es also einmal mit *zwei* ‹Viehrern›!»

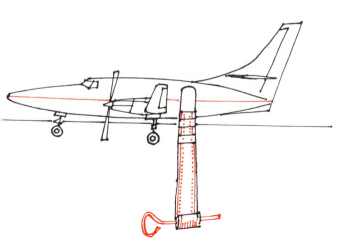

Aus den Glanzzeiten der DC-3 und andere Anekdoten

Heute unmöglich, aber in der guten alten Zeit der DC-3 passiert auf der Nachtpoststrecke Zürich–Basel–Amsterdam: Die HB-IRX, eine Frachtversion der DC-3 mit nur 6 Passagiersitzen, fliegt ohne Passagiere, nur mit Post und Fracht. Die Hostess ist müde und schläft ein. Und hört nichts, als der Pilot nach Kaffee läutet. Pilot und Kopilot rächen sich mit einem Streich. Schreiben auf einen Zettel: «Bei diesem miesen Service ist es uns verleidet. Wir sind beide abgesprungen.» Dann öffnen sie links und rechts die Fenster (war bei der DC-3, die noch keine Druckkabinen hatte, möglich), schalten den Autopiloten ein und verstecken sich im Gepäckraum hinter dem Cockpit, nachdem der Kopilot einen Gegenstand nach hinten geworfen hat, um die Hostess zu wecken. Die Holde kommt ins Cockpit, liest tödlich erschrocken den Zettel, bricht vollends zusammen, als der Kopilot sie von hinten an der Wade kitzelt ...

In den Glanzzeiten der DC-3 wurde den Hostessen in Kursen mehr als heutzutage über das Fliegen erzählt. Im Kursnotizheft einer Hostess, die offenbar den referierenden Piloten nach der Solidität des erwähnten Materials gefragt hatte, stand hinterher zu lesen: «Das Flugzeug besteht vorwiegend aus Aluminium (stärker als Pfannen).»

Zwischendurch erlaubten sich Kursleiter auch einen Scherz. Jedenfalls notierte die gleiche Hostess in ihrem Kursheft noch: «Schatten des Flugzeugs am Boden rechts = Wind von links.»

Im Flug mit einer DC-3 zwischen Zürich und München unterwegs, wechselte ein ausländischer Pilot die Swissair-Papiere (z. B. technische Bulletins) rasch aus und warf die ausgedienten, durch neue ersetzten Papiere aus dem Fenster.

Sie landeten auf einem Acker, wo ein Bauer pflügte. Er hob die weitverstreuten Papiere auf. Und weil auf jedem Blatt «Swissair» stand, machte er ein Päcklein, ging zur Post und schickte das Zeug express der Swissair mit dem Hinweis: Die Swissair habe da etwas verloren.

Robert Staubli ist der erste Direktionspräsident der Swissair, der aus dem Pilotenstand kam. Als Captain hatte er alle Typen bis zu Jumbo und DC-10 geflogen. Was er nicht schätzt: wenn Mitarbeiter ihm widersprechen. Daher die Scherzfrage: Was ist der Unterschied zwischen Kenia und der Swissair? Und die Antwort: In Kenia gibt es ein Nairobi, bei der Swissair gibt's nur ein «Ja, Robi».

Im Rahmen des Flughafenbauprogramms 1980–1985, in dem vom Kanton, von der Flughafen-Immobiliengesellschaft und der Swissair mit Unterstützung des Bundes mehr als 500 Millionen Franken für Erweiterungsbauten im Flughafen Zürich investiert werden, ist mit der Inbetriebnahme des Parkhauses A und des Operationszentrums eine Zwischenetappe erreicht worden. Wie die «NZZ» am 5. November 1984 berichtete, hat die Säulenkonstruktion dem Operationszentrum, unter Anspielung auf den Vornamen des zuständigen Swissair-Direktors, Flugkapitän Paul Frei, den Übernamen «St.Paul's Cathedral» eingetragen.

Mitteilung des Hamburger Magazins «Der Spiegel» im September 1984: «Pierre Aubert, 57, Schweizer Aussenminister, wurde bei seinem Besuch in Sofia vom bulgarischen Empfangskomitee mit Gelächter empfangen. Statt mit dem erwarteten donnernden Düsenjet flog die Schweizer Fünf-Mann-Delegation mit einem zweimotorigen Propellerflugzeug ein. Der Sprecher des Aussenministeriums, Marcel Pache (‹Einer hat uns sogar gefragt, was das denn für ein Floh sei›), musste den staunenden Bulgaren erklären, dass es sich bei der siebensitzigen ‹King Air› um ein Schweizer Regierungsflugzeug handelt. Lediglich auf Langstrecken dürfen die Bundesräte aus Bern düsen – erster Klasse in einem Linienjet.»

Die Swissair-Flugzeuge tragen Kantons- und Städtenamen. Bei der Taufe der Maschine «Nidwalden» wurde ein Alpenflug mit dem Nidwaldner Regierungsrat durchgeführt. Über einem Gletscher fragte ein Ratsmitglied den Captain bei der Kurzvisite im Cockpit: «Was passiert, wenn alle Triebwerke aussetzen?» Darauf der Captain trocken: «Dann finden in Nidwalden demnächst Regierungsratswahlen statt.»

Die bettelnden Buben auf dem Flugplatz Bombay sind bekannt für ihre enorme Begabung, Gehörtes sofort nachplappern zu können. Obschon sie, wie Papageien, gar nicht wissen, was sie sagen. Als Armin Baltensweiler, damals Direktions- und jetzt Verwaltungsratspräsident der Swissair, strikte ein kostenbewussteres Management durchsetzte, sagte ein Swissair-Pilot zu einem Bettelbuben in Bombay: «Verreis, mir händ kei Gäld, d Swissair mues spare, de Baldi (= Baltensweiler) häts gsait!» Die Bürschchen eigneten sich den Spruch sofort an und ernten dafür noch heute Geld und Gelächter bei Swissairleuten.

Eine weitere Geldquelle der jugendlichen Bettler in Bombay: Sie machen sich an Swissair-Besatzungen heran und rühmen: «Swissair gut, Lufthansa schlecht!» Bravo, da wird spendiert! Allerdings knöpfen sich die gleichen Buben auch die Crews der Lufthansa vor und rufen: «Lufthansa gut, Swissair schlecht!» Und kassieren nochmals.

Kurz nach dem Zweiten Weltkrieg: Flugtag auf einer Wiese im Luzernbiet. Ein Bauer von auswärts möchte einen Rundflug miterleben, stellt jedoch die Bedingung, das Flugzeug müsse auf seinem Hof landen. Werkpilot Walter Läderach (er ist später bei einem Testflug tödlich verunglückt) vom Flugzeugwerk Emmen: «Ist die Landefläche auf Ihrem Hof denn gross genug?» Der Bauer: «Klar, dort sind doch schon zwei Maschinen gelandet.»

Walter Läderach will sich keine Blösse geben, fliegt mit dem Landwirt los, macht schliesslich auf dessen Hof mit viel fliegerischem Geschick eine Ziellandung und steht nach einer Vollbremsung knapp vor einem tiefen Graben still. Darauf der «biedere» Landmann: «Das ist jetzt genau das, was mich wunder genommen hat. Die andern zwei Flugzeuge haben sich seinerzeit nämlich im Graben überschlagen.»

Übrigens tippte am gleichen Flugtag ein Bauer mit seinem Stock auf das stoffbespannte Höhensteuer und ruinierte es mit Durchstechen, harmlos fragend: «Ist das nur Stoff?»

Ein Schweizer Reiseleiter erwähnte 1984 als Kuriosum einen 80 Jahre alten Bauernknecht aus dem Emmental. Ein Leben lang hatte der Mann gespart. Dann erfüllte er sich seinen grössten Wunsch: einmal zu fliegen. Innert drei Tagen und drei Nächten flog er um die Welt, von Kloten über Kairo, Singapur, Melbourne, Los Angeles und New York wieder zurück. Bei den Zwischenlandungen weigerte er sich, aus dem Flugzeug zu steigen. Begründung: «Ich will fliegen, nicht Städte ansehen.»

Walter Mittelholzer, dank seinen Flügen, Büchern und Vorträgen ein bedeutender Pionier und Förderer der schweizerischen Luftfahrt, unternahm auch Erstflüge. Zum Beispiel, und das war die erste Fliegersafari überhaupt, vom 15. Dezember 1929 bis 28. Februar 1930, die Jagdexpedition nach Kenia mit einem Baron Rothschild.

In Kenia: Motorenstörung. Defekte Unterbrecherkontakte im Zündungssystem. Keine Ersatzteile. Glücklicherweise stöberte der Bordmechaniker Werner Wegmann bei einem Uhrmacher in Nairobi einen Schweizer Wecker auf. Aus der Aufzugsfeder bastelte er zwei Unterbrecherkontakte. Dank dieser behelfsmässigen Reparatur konnten Walter Mittelholzer, Kopilot A. Künzli und Mechaniker W. Wegmann als erste Menschen den Kilimandscharo überfliegen.

Baron Rothschild wurde aus Gewichtsgründen auf den Kilimandscharo-Flug nicht mitgenommen.

Beiläufig: Rothschild zeigte sich nach dieser Jagdexpedition Mittelholzer gegenüber sehr grosszügig. Mechaniker Wegmann indessen erhielt vom in finanziellen Dingen äusserst zurückhaltenden Mittelholzer für seine einmalige Leistung immerhin – ein Päckli Parisiennes-Zigaretten.

Der gebürtige Dübendorfer Anton Matt, am 1. November 1980 zwar offiziell pensionierter Vizedirektor der Swissair, aber auch danach noch Mitarbeiter, war von Anfang an dabei: 50 Jahre zuvor startete er als Gepäckboy bei der damaligen «Ad Astra». Ferner hatte er regelmässig mit dem Benzinauftanken zu tun und lernte dadurch, wie er in einem Interview erzählte, Walter Mittelholzer kennen.

Mittelholzer kalkulierte den Benzinverbrauch oft knapp, landete denn auch eines Tages im Gleitflug auf dem Flugplatz Dübendorf, weil ihm der «Most» ausgegangen war. Damals beschloss Matt, dem Flugpionier jeweils heimlich 50 Liter mehr als befohlen einzufüllen. Beschlossen und getan. Aber anderntags kam Mittelholzer von einem Flug zurück und beschwerte sich über seine Maschine. Sie sei «heute einfach schwer zu fliegen gewesen».

Am 15. Januar 1920 war der Zürcher Allround-Journalist Viktor Zwicky zu einem Alpenflug mit einem Hydroplane eingeladen. Neben ihm sass, ebenfalls gründlich verpackt von Pelzstiefeln bis Pelzkappe mit grossen Brillengläsern vorn, Stadtrat Dr. Emil Klöti, nachmals Zürcher Stadtpräsident. Zwicky: «Unvergesslich bleibt mir, wie etwa zehn Meter neben uns eine zweite Maschine flog, in der lachend Pilot Walter Mittelholzer sass, das Steuer losliess und mit einer Kamera – in 4500 m Höhe über tiefverschneiten Gipfeln und Schrunden – zu filmen begann.»

«Wer nie sein Leben aufs Spiel gesetzt hat, wer geflissentlich allen kritischen Situationen aus dem Wege geht, der wird auch nie ein rechter Flieger werden.» So schrieb Walter Mittelholzer, der einmal in der Umfrage einer Illustrierten nach dem populärsten Schweizer an erster Stelle stand vor August Piccard und Gottlieb Duttweiler sowie den Bundesräten Minger und Schulthess. Mittelholzer war in der Tat ausserordentlich wagemutig und hatte viel Glück beim Fliegen. Die Tiroler Berge sind denn auch nicht dem Flieger, sondern dem Bergsteiger Mittelholzer zum Verhängnis geworden.

Ein typischer Swissair-Scherz: Warum ist der Jumbo oben mit einem «Güpfi» (= upper deck) ausgerüstet? Die Hostessen spötteln: Damit der Heiligenschein des Captains Platz hat.

Die viermotorige DC-7 hatte auffällige spitze Propellernaben, die im Englischen «spinner» heissen. Befand sich in der Cockpitbesatzung ein nicht allseits beliebtes Mitglied, hiess es beim Kabinenpersonal: «Heute haben wir fünf statt vier ‹Spinner› an Bord.»

Elf Jahre lang besass die Swissair nur zwei Jumbos (Boeing B-747). Die kleine Gruppe von Jumbo-Captains wurde schwer beneidet wegen des schönen Einsatzes, da sie nur nach New York flog und dadurch mehr freie Tage hatte. Damals ging der Scherz um: Wie kann man einen Jumbo-Captain der Swissair ärgern? – Indem man ihn vor dem Start fragt: «Wohin fliegst du?»

Letzter Wunsch eines englischen Alpinisten: seine Asche möge über den Schweizer Alpen ausgestreut werden. Zwei Schweizer Sportpiloten versuchten den Wunsch zu erfüllen; ihr Name tut hier nichts zur Sache.

Um Flugzeit zu sparen, öffneten sie die Urne schon über dem Rossberg, also bereits in den Voralpen nördlich Arth-Goldau. Beim Zurückschieben des Cockpitfensters freilich entstand ein Gegensog. Die Urne in den Händen des einen Fliegers war fast leer, bevor er den Inhalt über Bord schütten konnte. Dafür waren das Gesicht des Fliegerpartners und das Cockpit voll Asche. Und nur ein Winzigrestchen der englischen Alpinistenasche hat eine Ruhestätte in den Schweizer Alpen gefunden.

Im Aktivdienst 1939–45 versuchten zwei Piloten der Fliegerstaffel 17 (damals eine Milizstaffel, heute eine Berufsstaffel des Ue Ge's) an einem Sonntag im Strandbad Fürigen, mit zwei hübschen Frauen ins Gespräch zu kommen. Die Holden winkten stolz ab und schwammen los. Derweil schnappten die gekränkten Flieger, denen man im Bad ihre attraktive Staffelzugehörigkeit natürlich nicht ansah, die schlichte Photobox vom Badetuch der Mädchen. Hinter der Kabine knipste der eine den Kollegen, der sich der Badehose entledigt hatte. Dann deponierten sie die um ein paar «männliche» Aufnahmen angereicherte Kamera wieder auf dem Badetuch der stolzen Schönen. Und rieben sich in der Vorfreude auf das fast todsichere Gelingen des Racheaktes vergnügt die Hände.

Es gab einst die nicht ungefährlichen sogenannten «Verwandtenflüge» mit Flügelwackeln und Ähnlichem über dem Haus beispielsweise der Freundin. Es gab (und gibt wohl sporadisch immer noch) die ebenfalls «heissen» Renommierflüge, zum Beispiel im Zweiten Weltkrieg das – hinterher mit Arrest bestrafte – Unterfliegen der Golden-Gate-Brücke in San Francisco.

Und die schweizerische Fliegerstaffel 17 riss im Zweiten Weltkrieg bei allzu tiefem Tiefflug über dem Lauerzersee die Telefonleitung zwischen dem Ufer und der Insel Schwanau mit. Die «Höhe der Tiefe»: Bei der Unfalluntersuchung erklärte der befragte Fährmann: «Ich finde es nicht in Ordnung, dass ausgerechnet der Pilot, der am höchsten flog, die Leitung herunterriss.»

82

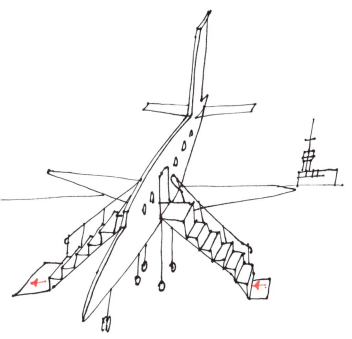

Allerbilligst-Flieger

Jahrzehnte ist's her: Ein Flugzeug der sonst so hervorragend zuverlässigen Swissair musste niedergehen, weil das Benzintanken vergessen worden war. Damals wurden die noch heute an unseren «Vögeln» zu sehenden Immatrikulationsbuchstaben «HB» scherzhaft als Abkürzung für die Frage «Häsch Benzin?» gedeutet.

Dennoch: Der Industrielle Krupp engagierte just jenen Schweizer als Privatpiloten, der damals das Benzintanken verschwitzt hatte. Nach dem «Warum ausgerechnet den?» gefragt, erwiderte Krupp: «Der vergisst das Tanken nie wieder.»

Am 8. Oktober 1912 machte Pilot Robert Gsell, nachmals Sektionschef beim Eidgenössischen Luftamt, die ersten Passagierflüge mit einem Eindeckermodell, das er «Ente» nannte. Anderntags kurbelte eine Filmgesellschaft im Ausland den ungewohnten «Vogel» für die Wochenschau. Dadurch

erhielt Gsells Mutter Gelegenheit, ihren Sohn wenigstens auf der Leinwand fliegen zu sehen. Auf Anfrage, was sie sich dabei gedacht habe, kam aus der Schweiz die Antwort: «Du solltest dir eine neue Lederhose kaufen. Wie kann man sich mit so einem hässlichen Flecken dem Publikum beim Einsteigen in Grossaufnahme zeigen!»

1966 jubilierte eine Zürcher Bankfiliale und liess bei dieser Gelegenheit drei Freiballone aufsteigen, was einem der anwesenden Bankdirektoren Gelegenheit zum Satz gab: «Manch einer, der sich an Ereignisse vom letzten Jahr in unserer Branche erinnert, wird ohnehin denken: Besser, es geht ein Ballon hoch als eine Bank.»

Über dem Welschland verloren Beobachter und Pilot die Orientierung. Im Tiefflug versuchten sie, an einer Bahnstation den Namen der Ortschaft abzulesen. Der Beobachter nach dem ersten Überflug: «Ich hab's nicht genau gesehen, du musst noch tiefer hinunter.» Nach dem zweiten Tiefflug meldete der Beobachter: «Jetzt hab ich's, wir sind in ‹Hommes›.»

Der Schweizer Gletscherpilot Hermann Geiger hat sich mit zahlreichen Rettungsaktionen einen internationalen Namen geschaffen. Im Zusammenhang mit dem zeitweise penetranten Rummel um die Eigernordwand und ihre Besteigung zirkulierte ein Wirtinnenvers: «Frau Wirtin hatte auch zwei Vettern, / Die wollten durch die Nordwand klettern / Bis oben auf den Eiger. / Bald gaben sie ein Blinksignal: ‹Schickt uns den Hermann Geiger!›»

Als er einmal von einem trotz schlechtem Wetter durchgeführten Rettungsflug auf den Monte Rosa und retour heimkehrte, empfing ihn seine Gattin mit den Worten: «Ich bin die ganze Zeit über im Haus geblieben, bei dem miserablen Wetter hätte man keinen Hund vor die Tür gejagt.»

Als Dübendorf noch (bis 1949) Sitz auch des zivilen Flughafens war, steckte die Fliegerei ein Stück weit in den Kinderschuhen. H. R. Baumberger, Präsident des Grossen Gemeinderates Dübendorf, erzählte 1984 unter anderem dieses Beispiel:

Eines Sonntags herrschte grosse Aufregung auf dem Flughafen. Ein Goldtransport war angekündigt, und die Banken hatten zu. Guter Rat war teuer, jedoch nicht für einen findigen Angestellten, der flugs nach Hause radelte und sich den Veloanhänger und eine Wolldecke holte. Das Gold wurde, nicht gerade standesgemäss, in den Anhänger verfrachtet und zugedeckt, damit ja keines Diebes Auge ... Der Angestellte fuhr damit nach Hause und verfrachtete es sicherheitshalber unter seinem Bett. Am nächsten Tag brachte er es zur Bank ...

1937 fand in Dübendorf ein grosses Internationales Flugmeeting statt, an dem sich auch eine deutsche Mannschaft unter Führung von Erhard Milch und Ernst Udet beteiligte. Pech hatte beim Geschwindigkeitsrennen, wie Hannes Trautloft in «Heitere Loopings» erzählte, Flieger Udet. Der Motor seiner Maschine streikte in der Gegend von Thun. Und Udet musste notlanden, wobei sich das Flugzeug auf einem Acker überschlug und auf dem Rücken liegenblieb.

Udet hing in den Anschnallgurten, Kopf nach unten, konnte erst nach langem und heissem Bemühen ein Seitenfenster aufschieben und zu etwas frischer Luft kommen. Er wartete auf Rettung. Schliesslich tauchte ein Bauer auf, wühlte von Hand die Erde weg, entdeckte den kleinen Spalt des geöffneten Seitenfensters, zündete ein Streichholz an, streckte es ins dunkle Kabineninnere vor Udets Kopf und fragte: «Isch Ihne öppis passiert, chan ich helfe?» Worauf Udet: «Menschenskind, mach erst mal dein Feuerchen aus!»

Am Internationalen Flugmeeting 1937 in Dübendorf war Hannes Trautloft in der erfolgreichen deutschen Fliegerequipe dabei. Nach seinen Angaben gab es nach Abschluss des Meetings eine Garden party bei Aero-Club-Präsident

Emile Messner in Feldbach. Noch fehlten von der deutschen Equipe Generaloberst Milch und General Udet. Auf einmal tauchte ein Fieseler Storch auf und landete im Garten der Familie Messner. Ihm entstiegen Udet und Milch in schneeweissen Uniformen. Vor der Terrasse machte General Ernst Udet, Scherzbold zur Luft und am Boden, einen Handstand und hüpfte auf den Händen treppaufwärts bis zum überraschten und zur Begrüssung bereiten Gastgeberpaar Messner. Offen bleibt die Frage: Wie kam Udet vor dem Händchenschütteln zu sauberen Händen?

Der 1976 als zürcherischer Regierungspräsident verstorbene Alois Günthard pflegte auch Reden zu offiziellen Anlässen oft in Verse zu kleiden. Dito auf Reisen. So fängt sein Gedicht «Kartengrüsse aus USA» also an: «Per Swissair via Ozean / kam ich hier am Mittag an. / Ich sitze jetzt auf dem Empire / State Building vor dem zweiten Dreier / aus Tonic Water, Eis und Gin, / nun weisst Du sicher wo ich bin.»

Ebenfalls aus den USA meldete Günthard: «Vom Flugplatz namens JFK / zur Wallstreet war kein Taxi da. / Wir haben statt geautostoppt / drum zwischendrin gehelikopt. / Per New York Airways ging's sofort / von Heliport zu Heliport. / Der Kopter drehte seine Schwingen, / um knatternd uns hinwegzubringen. / Die Stewardess am Mikrophon, / die hörte unsern Schweizerton / und sagte: ‹Grüezi, händ kä Schiss! / Mer flüüged fascht en Heli-Swiss!›»

Im Swissair-Fundbüro in Kloten werden jährlich etwa 16 000 Fundgegenstände abgeliefert von Gebiss bis Elefantenpeitsche, von Pfeilbogen bis Brillantring, von Testament bis Uhren. Etwa die Hälfte der Fundsachen finden zu den Besitzern zurück, der Rest wird vergantet.

Hochsaison im Fundbüro: Nach Mondwechsel und bei Föhn. Pikantes Detail, von Karl Hofer gemeldet: Ein zerstreuter Professor stürmte in die Schalterhalle des Fundbüros und meldete den Verlust seiner Aktenmappe mit «hochwichtigen Dokumenten». Diese entpuppten sich in der Folge als

Pornoheftli, die der Wissenschaftler offenbar den gestrengen Augen seiner Gattin vorenthalten wollte.

Die Interessen der Buben und Mädchen gehen schon früh verschiedene Wege. Der bekannte Schweizer Flieger Walter Ackermann (1903–1939) landete irgendwo draussen mit seiner Maschine, und schon nahte ein Lehrer mit einer Kinderschar. Mit ausgestreckten Armen begannen die Buben alsogleich neugierig das Flugzeug zu betasten, und Ackermann erfuhr: es waren Kinder vom Landesblindenheim. Während die Buben Motoren, Flügel, Rumpf und Höhensteuer eifrig begutachteten, stand ein kleines, blondes Mädchen, des Lehrers beste Schülerin, abseits und schüttelte auf die Frage, ob es das Flugzeug nicht auch betrachten wolle, verneinend den Kopf: «Nein, aber den Flieger möchte ich sehen.»

Als die «Swissair» 1981 fünfzig Jahre alt wurde, bemerkte der Basler Publizist und Journalist Robert B. Christ: Dass der eigentliche Sitz in Zürich sein müsse, fänden mittlerweile auch die Basler schon normal. Denn: «Ebbis Schwyzerischs kaa doch numme z Ziri dihaim sy! Mir z Basel ghere jo kuum no zer Schwyz derzue.»

Dann folgte eine Prise Schadenfreude: «Aber simmer nit bees. Kloote het derfir au vyl meh Nääbel as Blooze. Wo me synerzyt entschide het, der Flugblatz, exgysi: Flughaafe mies z Kloote entstoh, do hänn sogar z Basel vyl altdienti Artillerischte haimlifaiss glacht. Die hänn gnau gwisst, wie sälten ass sie z Kloote hänn kenne ihri Schiess-Iebige durefiehre – vor lutter Nääbel! Und nyt macht jo e Flughaafe intressanter as Nääbel.»

Amerikanische Bomber überflogen im Zweiten Weltkrieg bei Angriffen versehentlich auch Schweizer Gebiet. Die Schweizer Armee wehrte sich mit Jägern und Flakartillerie. Angeblich wurde ein USA-Bomber von einer helvetischen Flakbatterie via Funk gewarnt: «Sie überfliegen Schweizer Hoheitsgebiet.» Die Amerikaner reagierten: «Ist uns bekannt.» Als danach die Schweizer zu schiessen anfingen, funkte die amerikanische Bomberbesatzung zurück: «Ihr schiesst daneben.» Drauf die Schweizer: «Ist uns bekannt.»

Flugkapitän Wuhrmann von der Schweizer Fluggesellschaft «Globe Air» musste 1966 mit seiner Maschine in Brüssel notlanden, weil drei Löwen aus ihren Käfigen ausbrechen konnten und das Cockpit belagerten. Ein junger Löwe drang bis zu den Schuhen des Piloten vor, die er eifrig beleckte. Wozu einer schrieb: «Lieber den Tiger im Tank als den Löwen an den Schuhen!»

Ein schweizerischer Offizier erzählte vor Zeiten: Strenge Manöver in einer wunderschönen Gegend. KP in einem tiefen, feucht-kalten Felsloch. Spezialauftrag. Plötzlich eine aufregende Meldung: «Ein Kommandant, der nicht im Manöver mitspielte, lud mich zu einem Helikopterflug ein. Zwar war mein Spezialauftrag in dieser Phase unseres ‹Krieges› nicht mehr allzu aktuell. Aber grundsätzlich hatte ich ihn doch bis zum Gefechtsabbruch. Anderseits war die Aussicht an diesem herrlichen Spätsommertag ...»

Item: Der Offizier schlich zur verabredeten Zeit an den Startplatz, liess das schlechte Gewissen und den Gedanken an mögliche Arresttage auf der Erde zurück, flog eine gute schöne Stunde mit. Und schlich ins Felsloch zurück.

Unterdessen: Gefechtsabbruch. Stab beim Nachtessen. Der Kommandant beim schwarzen Kaffee plötzlich schmunzelnd zum Sünder: «Und, Herr Houpme, isch Eue Flug schön gsi?»

Damit war die disziplinarische Seite dieser Eskapade erledigt. Der Hauptmann zur Sache noch: «Nebenbei stellte ich freudig überrascht fest: eines klappt in unserer Armee vorzüglich, nämlich der Nachrichtendienst.»

1963 den «Allgemeinen Bedingungen für die Beförderung von Fluggästen und deren Gepäck» vom eidgenössischen Luftamt entnommen: «Nicht aufgegebenes Gepäck, gleichbedeutend mit Handgepäck, ist jedes nicht aufgegebene Gepäck.»

1978 berichtete Johanna Bigler-Vögeli, damals 70, einst die zweite Stewardess der Swissair gewesen: Nelly Diener, die erste Swissair-Stewardess, war Patientin des Zahnarztes Arthur Bigler an der Zürcher Bahnhofstrasse. Und weil sie für ihre Ablösung eine Ersatzkraft brauchte, meldete sich Johanna Vögeli, die Freundin (und nachmalige Gattin) des Dentisten, flugs bei Direktor Walter Mittelholzer. Dann stürzte Nelly Diener mit der einzigen Passagiermaschine ab, die Bewerbung wurde gegenstandslos.

Etwas später, 1935, war Johanna Vögeli dann definitiv, mit drei anderen Mädchen zusammen, Swissair-Stewardess: nur 156 cm gross und damit für die damaligen DC-2-Maschinen mit 14 Passagieren bestens geeignet. Uniformen gab's noch nicht, man trug eine Art Krankenschwesterschürzen. Schminken: verboten. Dafür waren Trinkgelder noch gang und gäbe: «Gottlieb Duttweiler war einer meiner liebsten Passagiere, er gab mir immer ein hübsches Trinkgeld.» Verpflegung (Leberpain-Sandwiches, Tee, Kaffee, Bouillon) musste der Fluggast berappen: Leberpain-Sandwich 75, Bier 50 Rappen. Und fiel die Kabinenheizung aus, wurden den weiblichen Passagieren die Beine massiert, den Männern ein Schnäpslein verabreicht. Oder man sang mit den Fluggästen, damit sie die Kälte etwas vergassen.

Als 1961 über Basel ein Flugzeug die Schallmauer durchbrach, gab es einen mächtigen Knall, den sogar die Erdbebenwarte registrierte. Das Ereignis wurde am Stammtisch besprochen. Wobei einer erklärte: «Ich habe gar nichts gehört. Meine Frau hatte im Zimmer nebenan gerade zwei Freundinnen zum Tee auf Visite.»

Am Auskunftsschalter der Swissair im Air terminal Zürich erscheinen anno 1961 zwei Frauen. Eine von ihnen sagt:

«Mein Mann kommt mit der Swissair von New York heim. Können Sie mir sagen, wann das Flugzeug landet?»

Die Groundhostess schaut auf ihrer Tabelle nach: «Ja, das Flugzeug ist sogar 50 Minuten zu früh und wird schon um 12.32 Uhr landen.»

«Ach ja, wieso ist das möglich?»

«Ich nehme an, dass die Maschine Rückenwind hat.»

Da wendet sich die Frau zu ihrer Begleiterin: «Hast du gehört, Rückenwind haben sie! Es ist doch gut, dass ich Max gesagt habe, er solle den Mantel mitnehmen ...»

Glosse 1981: In acht Flugunfällen hat unsere Armee dieses Jahr zehn Flugzeuge verloren. Und da heisst es immer, die Schweiz leiste keinen Beitrag zur Abrüstung!

Die Swissair-Hostess Monica Lack, selber Pilotin und beste Kunstfliegerin der Schweiz: «Beim Autofahren habe ich mehr Angst als beim Fliegen.»

Der Diplomat und Schriftsteller Carl J. Burckhardt erzählt in seinem Buche «Betrachtungen und Berichte» zwei Anekdoten der Brüder Piccard. Nämlich:

1931 gelangte Auguste Piccard als erster Mensch mit einem von ihm konstruierten Ballon von Augsburg aus in die Stratosphäre auf 15 781 Meter, ein Jahr später von Zürich aus auf 16 490 Meter. Carl J. Burckhardt fragte Piccard später in Paris: «Was hast du damals dort oben gesehen?» Piccard antwortete kurz: «Einen Berner.» Darauf Burckhardt: «Einen Berner, woher kam er?» Sagte Piccard sehr ernst: «Ich habe ihn danach gefragt, er brummte nur: ‹Von der Schlacht von Marignano auf dem Wege in den Himmel!›»

Ferner: Auguste und Jean Piccard waren Zwillingsbrüder und sahen sich so ähnlich, dass kein Mensch sie voneinander unterscheiden konnte. Einer der beiden ging in Basel einmal zu einem Coiffeur, der ihn nicht kannte, und erzählte ernsthaft, er leide an einer Krankheit; denn jedesmal, wenn man ihm die Haare schneide, wüchsen sie innerhalb weniger Minuten wieder nach. Der Coiffeur sagte bloss: «Larifari!» und schor den Kunden ratzekahl. Piccard verliess den Salon. Nach fünf Minuten kam der Zwillingsbruder mit wehendem Haarbusch ins Coiffeurgeschäft und sagte: «Da sehen Sie, so steht es mit mir.» Und die beiden Brüder genossen den Schreck, den sie dem Coiffeurmeister und den Kunden eingejagt hatten ...

Auf die Umfrage einer grossen schweizerischen Tageszeitung nach Fragen, über die sich Leser ärgern, antwortete eine Frau: «Ich arbeite im Swissair-Personalrestaurant. Jedesmal, wenn es Poulet gibt, werde ich x-mal gefragt: ‹Wie viele Flugstunden hat denn der Gummiadler?›»

Ein biederer Schweizer hat einen Flug gebucht, er will einen Verwandten in Übersee besuchen. Bei der Passkontrolle ergibt sich: sein Koffer hat 150 Gramm Übergewicht. Da packt der Schweizer den Koffer aus, entnimmt ihm ein Schinkenbrot, isst es und sagt vergnügt: «So, jetzt stimmt das Koffergewicht, und mich müsst ihr halt nehmen, wie ich bin.»

Ein deutscher Flieger definierte den Unterschied zwischen der Schweiz und Deutschland so: «Die höchsten Flughindernisse für Piloten sind in der Schweiz die Berge, in Deutschland die Behörden.»

Was ganz entfernt an den Ausspruch eines englischen Schriftstellers erinnert: «Die Schweiz ist das einzige Land, wo die Berge höher sind als die Steuern.»

Ausgerechnet das an Fluglärm reiche Kloten beschloss 1967 in einer Volksabstimmung, das Frühgeläute abzuschaffen. Einer des Morgens zum Nachbarn: «Endlich ist Schluss mit dem Frühweckgebimmel!» Darauf der andere: «Ich versteh' kein Wort, bei dem Krach da am Himmel.»

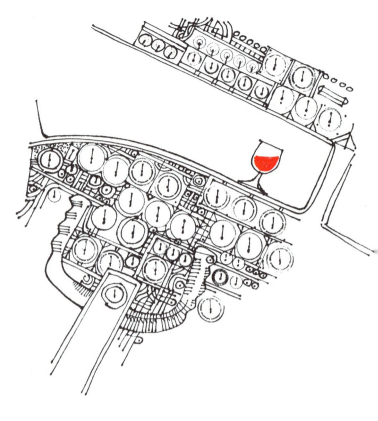

Während der Krisenzeit 1970 hatte die Swissair in New York einen «Hijack Desk» eingerichtet, einen Informationsschalter für Angehörige und Freunde entführter Fluggäste, der allgemeine Informationen über die Betroffenen und kurze Botschaften der Entführten übermittelte. So liess ein entführter Amerikaner pflichtbewusst und formvollendet seinem Arbeitgeber ausrichten, er könne leider am Montag nicht zur Arbeit erscheinen, weil er von arabischen Guerillas entführt worden sei.

Und schon 1968 hatte Fritz Senft kommentiert: «Im Reiche der Lüfte, das ist nun die Mode, / entfaltet der Mensch die Piratenmethode / und fühlt seine Grösse dabei rigoros. / Wie lange noch, dann liest man im ‹Neusten Geschehen›: /

Ein Schweizer Flugzeug zum Niedergehen / genötigt in Delsberg anstatt – in Belpmoos!»

1967. 23 Uhr. Abflug von Kloten nach Genf fällig. Da meldet der Lautsprecher: «Der Abflug wird um eine halbe Stunde verschoben. Wegen Anschluss.» Ein Passagier, der dabei war: «Gegen Mitternacht scheinen alle Maschinen mit Anschluss nach Genf da zu sein. Wir sitzen angeschnallt und nicht mehr rauchend in der DC-9 der Swissair. Da kommen im Gänsemarsch ein Dutzend bekannter Gestalten hereingewatschelt: Der Servette-FC, der soeben sein Nachtspiel gegen den FC Zürich verlor. *Das* war der Anschluss, auf den Servette-FC hatten wir gewartet.»

Mitte der sechziger Jahre und damit in einer Epoche von Hochkonjunktur und Personalmangel erschien in einer helvetischen Zeitung diese Annonce:

Aus einem damals erschienenen Kommentar: «Kenner des Arbeitsmarktes sind übereinstimmend der Meinung, dass solche Vermittler, *wenn* sie schon eine Putzfrau zu vermitteln fänden, sich keinesfalls mit einer Flugreise nach Genf zufrieden gäben, sondern höchstens vielleicht mit einer 14tägigen Kreuzfahrt im Mittelmeer, sofern die dafür geeigneten luxuriösen Schiffsplätze nicht samt und sonders schon besetzt sind – durch *Raumkosmetikerinnen!*

Die Poetin Mary Stirnemann-Zysset, aus einer Inner-
schweizer Bergbauernfamilie stammend und später mit
einem Notar verheiratet, ist eine Art helvetische Friederike
Kempner. Kostprobe: «Die Perle der Alpen ist Saas-Fee / ein
idyllisches Bergdorf mit Renommee, / auf einem grandiosen
Hochplateau, / inmitten Tannen und Gletschern en gros.»

Auch sie wurde durch die Fliegerei inspiriert. Ein schreck-
lich endendes Gedicht «Katastrophe» hebt so an: «Ein Flugzeug, dreimotorig, / über die Bäume fliegt hinweg; / wenig
Zeit ihm bleibt vorig, / zu finden den Landungssteg.»

✦

Erwin Furter, Chef des Verpflegungswesens der Swissair-
Bordküche, erzählte dem Reporter Karl Hofer 1984:

«Ich erinnere mich gerne an das thailändische Königspaar,
das vor Jahren eine Swissair-Sondermaschine benützte. Ich
hatte über Umwege erfahren, dass der König dieses fernöstli-
chen Landes sehr gerne Schweizer Bratwürste isst. Zum grossen Schrecken der Protokollverantwortlichen, denen solches
Wissen natürlich abging, schlug ich als Menüvariante auch
eine Bratwurst vor. Der König wählte tatsächlich die Wurst,
die Königin dagegen Forelle blau.»

✦

Vom Schweizer heisst es, er sei kein grosser Kavalier und
eher wortkarg. Dafür sei, was er rede, oft ehrlich gemeint.
Item: ein Ehemann bringt seine Frau zum Flugplatz. Ein Au-
gen- und Ohrenzeuge berichtet dazu: «Als letzten Gruss, ehe
sie in die Maschine verschwand, rief er aufmunternd: ‹Häb
kei Angscht – är keit nöd abe!›»

✦

Der Zürcher Regierungsrat Alois Günthard, 1976 gestorben, reimte zum Thema Fluglärm schelmisch:

«Man sprach gezielt vom Dauerstress / an einem Flugzeuglärmkongress. / Von jenen nicht gerade schönen / un-
komponierten Supertönen, / die man, des öftern mit Ver-
druss, / ganz ohne Absicht hören muss. / Die Referate zeig-
ten klar / des grossen Düsenlärms Gefahr, / und dass der

Grund der Schweinerei / der Flugplatz, nicht das Flugzeug sei. / Man müsse, anstatt zu verdriessen, / doch diesen einfach wieder schliessen. / Nachdem er es so schön verboten, / fuhr ein Experte dann nach Kloten, / er flog, trotz allem Düsenstress, / zum nächsten Flugzeuglärmkongress.»

Streifen wie «Piroschka» und «Helden» sowie die «Spessart»-Filme hatten der Schweizer Schauspielerin Lilo Pulver Starruhm und Geld gebracht. 1973, als es ziemlich ruhig um sie geworden war, erklärte ihr Ehemann Helmut Schmid in der gemeinsamen Villa am Genfersee: «Star sein bringt Verpflichtungen mit sich. So fliegen wir zum Beispiel nur 1. Klasse, damit die Leute nicht sagen: Die beiden sind weg vom Fenster.»

Conférencier Lotfi Mansouri sagte 1964 im Verlaufe einer amerikanischen Wohltätigkeitsveranstaltung in Zürich zugunsten eines schweizerischen Forschungsprogramms: «Ich wüsste einen prachtvollen Witz über die Fliegerei, aber in unserem Programmheft haben sämtliche repräsentativen Fluggesellschaften inseriert.»

Luftkutscher Robert Gsell, später Sektionschef beim eidgenössischen Luftamt, wurde angefragt, ob er den von Prinz Sigismund von Preussen selbst entworfenen Eindecker erproben wolle. Er tat's. Auf die Überschlagsrechnung von Gsell hin erklärte der Prinz, er habe «keine höhere Mathematik» benützt. Darauf Gsell eidgenössisch unbekümmert und jargonbewusst: «Oh, das macht nichts, wenn königliche Hoheit die Kiste nach Schnauze gebaut haben.» Also ungefähr: Handgelenk mal Pi.

Auf einem Flugplatz ist die JU-52 zu besichtigen. «Du», sagt plötzlich ein Bub zum Grossvater, «hat der Kanton Jura auch schon ein Kampfflugzeug?»

In den «Swissair News» gelesen: «Wenn Sie in unserer Zeitung einen Druckfehler finden, dann bedenken Sie bitte, dass er beabsichtigt war. Unser Blatt bringt für jeden etwas, und es gibt immer Leute, die nach Fehlern suchen.»

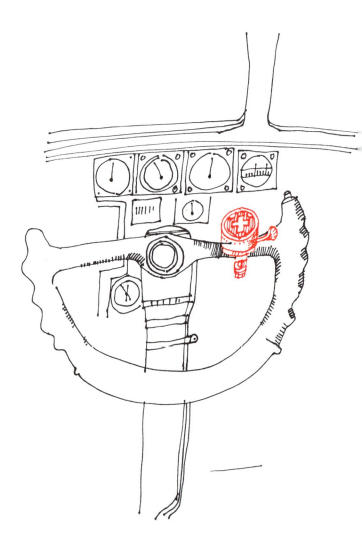

Flugchinesisch

«Sorry, die 600 ist gekänzelt. Ich habe auf der 602 nach-gedscheckt, sie ist owerbuckt; ich kann Sie daher nur noch waitlisten …»

Also sagte eine Holde am Ticketcounter zu einem Go-show, der nach Stockholm wollte. Auf normaldeutsch unge-fähr: «Bedaure, Kurs 600 fällt aus. Ich habe nachgeprüft, Kurs 602 ist besetzt, ich kann Sie daher nur noch auf die War-teliste setzen.» Wozu der «go-show» ein Kunde ohne Flug-schein ist, der einfach am Flughafen fragt, ob noch ein Platz frei sei.

Diese Kostprobe Airliner-Deutsch stand im «Stadt-An-zeiger» von Opfikon-Glattbrugg, also im allerengsten Ein-zugsgebiet des Flughafens Kloten. Nun, ob Flughafen Klo-ten oder Flughafen anderswo: Da blüht eine eigene Sprache. Eine, die einerseits dem Deutschschweizerischen Sprach-ve-rein die Ohren zerknittert, anderseits viele Ausdrücke enthält, die weltweit (auf Flughäfen) verstanden werden. Es ist doch schön, wenn – ebenfalls nach der Opfiker Quelle – der Sie be-ratende Fachmann eifrig im Timetable tracen tut, ob die ge-wünschte Connection klappt, denn die Transferzeiten dürfen nicht unterschritten werden, wenn Sie nicht eine Misconnec-tion riskieren wollen. Spielend wird die fare constructed, die milage gescheckt, eventuell round the world gemiled, der construction point verlegt, dann die booking confirmed, das Hotelzimmer requested und das ticket validated …

Vor Zeiten hat sich eine nicht unfröhliche Broschüre der Lufthansa mit dem Airliner-Chinesisch befasst. Also: Wenn der Dampfer um 16.35 Zulu hereinkommt, landet das Flug-zeug um 16.35 Uhr Greenwich mean time. Auch Kloten liegt manchmal im Nebel. Darum möglich: «Wir haben heute Ne-belops, alle Flights inbound und outbound gecancelled, Ground transpo mit Bussen zu den Alternates.» Also etwa: «Alle Flüge, hereinkommende und ausgehende, sind gestri-chen. Die Passagiere werden mit Bussen zu den Ausweich-flughäfen gebracht.»

«Sorry, die Mühle ist CC.» Pech, der Flug ist ausgebucht, wobei CC für «completely closed» steht. Mehr Glück hier:

«Wir hatten zuerst ein Delay expected, aber jetzt ist die Mühle im Approach und wird on time sein.» Also umsonst mit einer Verspätung gerechnet. Flugzeug schon im Landeanflug, wird pünktlich hier sein. Bravo!

Es gibt auch ein eigenes Luftfahrtalphabet, zum Buchstabieren. Formulieren Sie also «Tango Uniform Bravo Echo (sprich: Eko) Lima», wenn Sie hundertprozentig deutlich «Tubel» sagen wollen! Oder «Sierra Charlie Hotel November Alpha Papa Sierra» für «Schnaps».

Mit Abkürzungen ist im Flugchinesisch zu rechnen. ABC ist das weltweite Luftkursbuch, ATA die tatsächliche Ankunftszeit, CAB die oberste zivile Luftfahrtbehörde eines Staates, ETO die voraussichtliche Abflugszeit, HORES die

Hotelreservierung, PIC (Pilot in command) der Kapitän des Fluges, Y (EconomY class) Kürzel für «zweite Klasse».

Es gibt Tätigkeitswörter, die sanft schmerzen: Man wird rebooked (umgebucht), man meeted (kommt zusammen), ist aber froh, dass die Zuständigen «fuellen», nämlich Treibstoff tanken. Wer geboardet ist, ist ins Flugzeug eingestiegen, und was gecharged ist, ist kassiert.

Einige wenige deutsche Heiterkeiten kommen vor. «Schnüffi» ist die Sauerstoffmaske, «Modeschau» die Schwimmwestenvorführung, «dicke Suppe» starker Nebel, «Knitternerz» der Nylon-Regenmantel der Cockpit-Besatzungen.

«Pax» klingt nach Frieden und Versicherung. Aber im Flugchinesisch, im Sprachgebrauch und im Fernschreiber ist's einfach die gebräuchliche Abkürzung für den Passagier. Daher die authentische und sehr schöne Meldung: «Die Paxe werden ground gefeedet, bitte Meal-Voucher austeilen.» Also denn: «Die Passagiere erhalten die Mahlzeit bereits am Boden (Flughafen-Restaurant etc.), bitte Verpflcgungs-Gutscheine verteilen!»

So long!

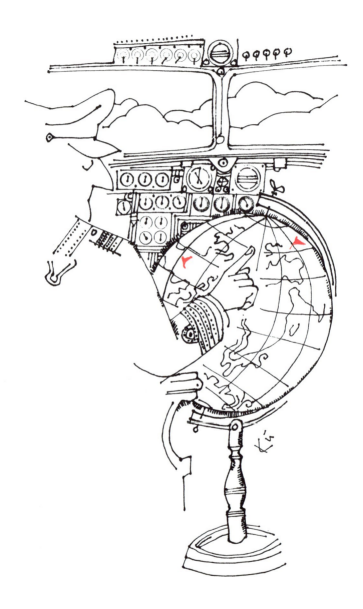

Flugzeuggedanken

Der skurrile Poet und reisende Artist Joachim Ringelnatz (1883–1934, eigentlich Hans Bötticher, Auftrittsverbot ab 1933) verfasste unter anderem ein Buch «Flugzeuggedanken». So ist auch das erste Gedicht überschrieben, das also anhebt: «Dort unten ist die Erde mein / mit Bauten und Feldern des Fleisses. / Wenn ich einmal nicht mehr werde sein, / dann graben sie mich dort hinein, / ich weiss es.»

In einem anderen Gedicht erwähnt er eine Begleiterin, die mit dem Fallschirm abspringen will. Es geht ihm durch den Kopf, wie verkehrt Frauen oft mit ihrem Schirm hantieren. Als es soweit ist: «Ich öffne die Türe. / O Gott soll Sie erhalten / und Ihren seidenen Schirm entfalten. / Ich schösse mich tot, wenn ich jemals erführe …» Aber es klappt, und Ringelnatz ärgert sich, weil die Frau mehr Schneid als er hat.

1928 schrieb Ringelnatz unter «Fliegerleute» einleitend: «Vielleicht wird sich das später ändern. / Auch ist es vielleicht in verschiedenen Ländern / anders. Doch wie das in Deutschland heute / liegt, muss ich sagen: Die Fliegerleute, / Piloten, Bordmonteure, Flugleiter, / Bezirksleiter, Funker und so weiter, / auch die im Büro und der luftige Boy / sind goldige Kerls. – Ihnen Gutes! Ahoi!»

In «Fernflug» fühlt sich der Autor behaglich: «Und wie nun wir in ihrem Bauch bequem / in weiche Polsterstühle niedersinken, / empfinden wir den Fortschritt angenehm, / lächeln durchs Fenster Menschen zu, die winken. / Und fahren plötzlich über grüne Wiesen / im Auto hin. Auto? o nein, wir schweben / bereits. Ach, dass wir das erleben, / erlernen durften und geniessen!»

Bei Gelegenheit bezeichnet Ringelnatz die Flugmaschinen, die lauter summen als Bienen, «eine Kreuzung von Taube, Ente, Maikäfer und Schiffsschraube». Er schildert eine Zuschauerin im Flughafen, die findet, noch nie habe eine Generation so viele Erfindungen erlebt: «Denken Sie nur an Edison, / an Fahrrad, Auto und Grammophon, / an Kino, Radio, Röntgenstrahlen, / schon Trambahn, Rohrpost und Salvarsan. / All das hat unsere Zeit getan! / Und was noch folgt, ist kaum auszumalen. / Wir schreiten weiter von Siegen zu Siegen. / Nicht Fortschritt mehr, sondern Fortflug. Wir fliegen / empor. Wir werden zu höheren Fernen / schweben, zum Mars und zu sämtlichen Sternen ...»

Eine letzte Kostprobe! Ringelnatz war unter anderem Matrose sowie im Ersten Weltkrieg Kommandant eines Minensuchbootes gewesen. Elbauf und elbab fahrend in Seemannsjahren, hatte er vom Schiffsdeck aus erspäht: «Sah ein Haus. Vom Schornsteinruss geschminkt / kiekt es lustig nach der Elbe hin. / Und ich wusste: Meta wohnt darin.» Später flog der ehemalige Matrose Ringelnatz über Altona, winkte von oben: «Und ich wusste: Meta schaute, / winkte auf nach meinem Wolkenkahn / oder, wie sie's nennen, ‹Aeroplan›.» Und noch: «Wenn man sich auch sonst von nah, / Teufel eins, viel lieber sah, / dacht' ich doch verliebt und bang / oben dort am Wolkenhang: / Wenn ich jetzt hinunterstürze, / fängt mich Meta in der Schürze / auf.»

Das waren Zeiten!

«Ikarus stürzt ins Meer.» So ungefähr fing's, mit gebastelten Vogelflügeln, laut Sage bei der Fliegerei an. Simon der Magier fiel 67 n. Chr. bei einem Flugversuch zu Neros Füssen und war tot. Mönch Oliver von Malmesbury zerschmetterte, als er im 12. Jahrhundert mit einem Vogelkleide von einem Turm in die Tiefe sprang.

Bis auf den heutigen Tag ein Begriff ist der Augsburger Schuhmacher Salomon Idler, der sich ein Flügelwerk von Eisen machte und dieses mit bunten Federn besetzte. Er liess sich den Flug vom hohen Turm ausreden, flog dafür versuchsweise vom Dache eines niederen Gebäudes aus auf eine mit Betten belegte Brücke herab, unter welcher sich einige Hühner befanden. Idler stürzte ab, die Brücke brach durch die Schwere des Körpers ein, und die Hühner darunter mussten ihr Leben lassen. Zornig trug Schuhmacher Idler das kostbare Flugwerk, das ihm und seinem Namen zur Unsterblichkeit hätte verhelfen sollen, nach Oberhausen und zerstörte es auf einem Hackblock.

Aus Hoffnungslosigkeit und Resignation wurde der Mensch erst durch den von den Brüdern Montgolfier erfundenen und von Jacques Charles verbesserten Freiballon gerissen. Mit ihm, glaubte man, sei der Himmel erobert.

Die Brüder Joseph und Jacques Montgolfier liessen am 4. Juni 1783 vor Publikum auf dem Marktplatz von Annonay ihren «Aerostat», einen unbemannten Heissluftballon, aufsteigen. Am 10. September des gleichen Jahres waren in Versailles Ludwig XVI. und Marie Antoinette zugegen, als ein Heissluftballon, nach den Erfindern bald Montgolfière genannt, etwa tausend Meter hoch stieg und nach acht Minuten rund zwei Kilometer vom Schloss Versailles entfernt landete.

Im Ballonkorb: noch kein Mensch, aber immerhin ein Hammel, ein Hahn und eine Ente. Sie kamen heil auf die Erde zurück, obschon der Hahn vom Hammel getreten worden war. Der Hammel wurde laut damaligem Bericht in der «Schaffhauser Zeitung» in den königlichen Tiergarten verlegt, «woselbst er standesgemäss bewirtet wurde und unter dem Namen eines ‹Luftfahrers› Besuche erhielt».

Die Brüder Montgolfier wurden nach diesem Versailler Flug geadelt und mit dem Saint-Michel-Orden dekoriert. Eine im Auftrag des Königs geprägte Goldmünze zeigte das Porträt der Brüder Montgolfier und trug die Inschrift: «Pour avoir rendu l'air navigable.»

Die ersten beiden Luftschiffer der Welt waren Marquis François Laurent d'Arlande (1742–1809) und François Pilâtre de Rozier (1754–1785). Sie stiegen auf mit dem vierten Ballon der Brüder Montgolfier, an dem unten bei der Öffnung eine Bewegungsgalerie aus Weidengeflecht angebracht war. Droben in der Luft schwenkten die beiden ihre Hüte und die Trikolore. Unten auf der Erde jubelten hunderttausend Leute, umarmten sich Arme und Reiche, Bürger und Adlige, «ja sogar die eleganten Damen ihre bärtigen Kutscher». Der Flug dauerte 25 Minuten.

Eigentlich hatte ja der Franzosenkönig geplant gehabt, als erste menschliche Versuchskaninchen zwei Schwerverbrecher «hochgehen» zu lassen, um die es, «gehe es wie es wolle, nicht schade gewesen wäre». De Rozier konnte es ihm ausreden. Und jenen, die nach den ersten Ballonflügen (man sprach erst später von «fahren» beim Ballon) mit Menschen als Passagieren fragten, wozu denn Luftballone jemals dienen könnten, antwortete Benjamin Franklin mit einer Gegenfrage: «Wozu kann ein neugeborenes Kind dienen?»

Der erste grössere aerostatische Versuch auf Schweizer Boden fand am 12. Februar 1784 in Solothurn statt. Urs Jakob Tschann war der Urheber und Schöpfer des Luftballons, aber sein Bruder Anton, Mechaniker, baute ihn. Anton Tschann, zu seiner Zeit ein über die Landesgrenzen hinaus bekannter Mann, liess im gleichen Jahr am 7. September einen Heissluftballon, ein Lusthaus mit 20 Fensterstöcken darstellend, in Dietikon aufsteigen. Mit von der Partie: ein Schaf, das sich automatisch mit dem Fallschirm herablässt.

Für 1786 versprach er, er werde, zusammen mit einer «ebenso kühnen Weibsperson», mit einer Luftmaschine in die Luft gehen, Probe in Balsthal, eigentliche Premiere in Basel. Ob der Ballon je aufgestiegen ist, weiss man nicht. Wenn ja, war weder Tschann noch die «kühne Weibsperson» als Passagier dabei.

Immerhin flog am 3. August 1788 in Baden ein «Hündlein» mit, und in der Höhe zerplatzten, kleiner Gag, einige Granaten. 1789 verbot die Obrigkeit der Stadt Zürich Tschann, seinen «Luftballon mit einem Schiff, in dem ein Schaf mit einem Fallschirm sich befinde», aufsteigen zu lassen. Drum zog er limmatabwärts, später ins Ausland. Über sein Ende ist nichts bekannt.

Der erste Ballon über Basel flog am 11. März 1788, und der Passagier des Ballons war ein Schaf. Es landete im Garten des Bürgermeisters. Der einzige andere Fall, dass ein Ballon in einem Basler Garten landete, geschah erst fast 200 Jahre später. Da war kein Schaf in der Gondel, sondern eine Dame im Pelzmantel sowie ein berühmter Basler Kürschner, und die Landung erfolgte, wie Hanns U. Christen mitteilt, im Garten eines Pfarrherrn. Der war es zwar gewohnt, sich mit himmlischen Erscheinungen abzugeben – aber er soll über diesen Besuch von oben doch reichlich erstaunt gewesen sein.

«Ein Ballon», sagte Robert Lembke einmal in der Fernsehsendung «Was bin ich?», «unterscheidet sich vom Menschen dadurch, dass er erst aufgeblasen wird und dann steigt.»

Eine grosse englische Zeitung stellte folgende Preisfrage: «Angenommen, in einem Luftballon befinden sich drei wichtige Männer, ein berühmter Chirurg, ein bekannter Atomforscher und der Erfinder des Jugendserums. Der Ballon gerät in einen Sturm und kann nur gerettet werden, wenn einer der drei Passagiere über Bord geworfen wird. Wen sollte man opfern?»

Zahllose Antworten liefen ein, in denen der Wert jedes der drei Männer ausführlich erörtert wurde. Den ersten Preis sprach die Jury einem Zwölfjährigen zu, der zur Antwort gab: «Den dicksten.»

✦

Flieger zu sein blieb bis Ende 1914 in der Schweiz eine Tätigkeit, die nicht einmal das Existenzminimum gewährleistete und keinen Anspruch auf das Prädikat «solid-bürgerlich» erheben durfte. Wollte ein junger Mann Flieger werden, musste er meistens mit Eltern, Geschwistern und Verwandten einen erbitterten Kampf führen. Dazu Erich Tilgenkamp: «Unsere ersten Flieger waren von der sogenannten ‹besseren Gesellschaft› ausgeschlossen. ‹Akrobaten der Lüfte›, ‹unverantwortliche Abenteurer›, ‹leichtsinniges Gesindel›, ‹Tagediebe und Faulenzer›, was mussten sie nicht alles hören! ‹Taugenichts, Gaukler, Verrückte›, die andern Ausdrücke können wir grösstenteils nicht wiedergeben. Und dabei darbten diese Männer für ihr Ideal. Sie hungerten für ein paar Liter Benzin, ja sie stahlen für ein paar Meter Draht, für einige Zündkerzen.»

✦

Der Schweizer Flieger Robert Gsell machte zwischendurch auch bei der «aufgeblasenen Konkurrenz», bei Ballonfahrten, mit. Als er während eines Fluges über dem Industriegebiet von Krefeld auf unbebauter Fläche schön im Acker landete, eilten von allen Seiten Neugierige herbei und zertrampelten den Acker. Selbstverständlich schnaubten auch die Landbesitzer daher und präsentierten Rechnungen und Forderungen, die nach Gsells Schätzungen wohl das Zehnfache des Schadens ausmachten.

Aber Gsell wendete einen bewährten Trick an: er zahlte, steckte die Bestätigungen in die Tasche, stieg ein und sagte zum Abschied so nebenher: «Die Zettel schicke ich der Steuerbehörde. Entweder habt ihr mich nicht überfordert, und verdient die genannte Summe für jeden Quadratmeter Rübenfeld, dann müsst ihr eure Erträge in Zukunft auch so versteuern. Oder aber ihr habt meine Lage missbraucht und werdet dafür bestraft. Adieu!» Und dann erklärte er sich nach einigem Zieren gnädigst bereit, zuviel bezahlte Beträge von den Bauern zurückzunehmen ...

1977 nahm Zürichs Stadtpräsident im Korb eines Freiballons an einer Wettfahrt teil. Wozu einer schrieb: «Er wollte nicht etwa seinem Volk Sand in die Augen streuen, sondern nur seinen Horizont erweitern!»

Aus einem Schulaufsatz: «Wenn ein Ballonfahrer steigen will, wirft er Ballast ab. Wenn er landen will, holt er ihn wieder herauf.»

Generalpostdirektor Heinrich von Stephan (1831–1897), dem die Einführung der Postkarte und die Gründung des Weltpostvereins zu verdanken ist, schrieb 1874: «Der Luftozean bietet die idealste Möglichkeit zur schnellen Postbeförderung. Die Hauptsache bleibt die Erfindung einer hinlänglich starken Kraftmaschine von möglichst geringem Gewicht und Feuerungefährlichkeit.» Selbst er befürchtete freilich, der Mensch würde beim Fliegen wegen unzulänglicher Lunge ersticken.

Der deutsche Ingenieur und Flugpionier Otto Lilienthal (1848–1896) schrieb 1889 in seinem Werk «Der Vogelflug als Grundlage der Fliegekunst»: «Fliegen heisst: Sich mit einer Flugmaschine vom Boden in die Luft erheben. Das können wir nicht! Fliegen heisst ferner: Von einer Bergspitze zu einer andern gleich hoch gelegenen Bergspitze durch die Luft sich hinüberbewegen. Das können wir auch nicht! Fliegen heisst aber auch: Sich von der Spitze eines Hügels ins Tal durch die Luft herabzulassen. Das können wir, und hierbei haben wir die Gelegenheit, zu lernen und zu üben, und schliesslich auch die anderen Arten des Fliegens, das horizontale und ansteigende Fliegen, nach und nach auszubilden und somit wirklich zu erfinden. Wer in der Lösung der Flugfrage vorwärtskommen will, der muss bescheiden sein und nicht gleich über alle Berge fliegen wollen, sondern erst einmal von den Bergen herunterzufliegen versuchen.»

Mit Unterstützung seines Bruders Gustav führte Otto Lilienthal ab 1891 bis zu seinem tödlichen Absturz am 9. August 1896 mit selbstgebauten Hängegleitern von Erhöhungen in der Nähe von Berlin mehr als 2000 Gleitflüge bis zu einer Länge von 300 Metern durch. Für viele sind Lilienthals Gleitflüge der Beginn der Fliegerei überhaupt.

*«Dem Heitern erscheint
die Welt auch heiter.»*

Von Fritz Herdi sind weitere Witz-Taschenbücher im Nebelspalter-Verlag erschienen:

Verzell no eine!

Witze über Ausreden, Eisenbahn, Handwaschen,
Polizei, Telefon usw. ... usw. ...

Färnseh-Witz vom Herdi Fritz

Scherze, Pointen und Anekdoten rund um das
Fernsehen von Abschalten über Monatsrate bis
Sesselkleben und Sinnestrübungen

Kännsch dä?

Witze über Aufklärung, Brille, Fischen, Karriere,
Österreich usw. ... usw. ...

Häsch dä ghört?

Witze über Adam, Feuerwehr, Fussball, Kino,
Pelz, Schirm ... und ...

Häsch en Parkplatz?
Das Auto in Witzen und Bonmots nebst
volkstümlichen Umschreibungen und einem
anekdotischen Abstecher zu Henry Ford

Wänns chlöpft, no en Meter!
Zum Thema Auto weitere Witze, Anekdoten und
volkstümliche Ausdrücke

Zu Befehl, Korporal!
Witze vom und übers Schweizer Militär plus
Kostproben aus der Soldatensprache

Haupme, Füsilier Witzig!
Nochmals Witze vom und übers Schweizer
Militär plus Kostproben aus der Soldatensprache

Fräulein, zale!
Witze von Gast und Garçon über Glas und
Gulasch bis Gattin und Gardinenpredigt

Polizeischtund, mini Herre!
Nochmals Witze von Beizli und Bierschaum über
Biftegg und Bordeaux bis Brötli und Barmaid

Fürio!
Eine Sammlung von Witzen, Anekdoten und
Kuriositäten rund um Feuer und Feuerwehr

Liebes Brautpaar!
Vorwiegend heitere Glückwünsche und Pointen,
Verse und Sprüche zum Hochzeitsfest

𝕹𝖊𝖇𝖊𝖑𝖘𝖕𝖆𝖑𝖙𝖊𝖗

die satirische Schweizer Zeitschrift

Mutig, unbestechlich und grosszügig
(in der Respektierung anderer
Meinungen) –
das ist der Nebelspalter.

Freudig Probleme anpacken,
sich auch einmal die Finger
verbrennen, Freude und Heiterkeit
verbreiten – das sind die Maximen
des Nebelspalters.

Falls Sie ihn noch nicht kennen:
Vergewissern Sie sich!
Verlangen Sie Probenummern beim
Nebelspalter-Verlag
CH-9400 Rorschach